RUDOLF STEINER GESAMTAUSGABE

VORTRÄGE

VORTRÄGE VOR MITGLIEDERN
DER ANTHROPOSOPHISCHEN GESELLSCHAFT

RUDOLF STEINER

Die Impulsierung des weltgeschichtlichen Geschehens durch geistige Mächte

Sieben Vorträge, gehalten in Dornach
vom 11. bis 23. März 1923

1989
RUDOLF STEINER VERLAG
DORNACH/SCHWEIZ

Nach vom Vortragenden nicht durchgesehenen Nachschriften
herausgegeben von der Rudolf Steiner-Nachlaßverwaltung
Die Herausgabe besorgte Helmut von Wartburg

1. Auflage, Dornach 1942
2. Auflage, Gesamtausgabe Dornach 1966
3. Auflage, Gesamtausgabe Dornach 1976
4. Auflage, Gesamtausgabe Dornach 1989

Dornach 16. März 1923: «Die Welt der Hierarchien
und die Welt der Töne», Kunst im Lichte der
Mysterienweisheit VI, Dornach 1928;
in «Das Wesen des Musikalischen»
GA 283, Dornach 1981

Bibliographie-Nr. 222

Zeichungen im Text nach Tafelzeichnungen Rudolf Steiners
ausgeführt von Assja Turgenieff (siehe Seite 127)

Printed in Switzerland by Zbinden Druck und Verlag AG, Basel

ISBN 3-7274-2220-3

Zu den Veröffentlichungen
aus dem Vortragswerk von Rudolf Steiner

Die Grundlage der anthroposophisch orientierten Geisteswissenschaft bilden die von Rudolf Steiner (1861-1925) geschriebenen und veröffentlichten Werke. Daneben hielt er in den Jahren 1900 bis 1924 zahlreiche Vorträge und Kurse, sowohl öffentlich wie auch für die Mitglieder der Theosophischen, später Anthroposophischen Gesellschaft. Er selbst wollte ursprünglich, daß seine durchwegs frei gehaltenen Vorträge nicht schriftlich festgehalten würden, da sie als «mündliche, nicht zum Druck bestimmte Mitteilungen» gedacht waren. Nachdem aber zunehmend unvollständige und fehlerhafte Hörernachschriften angefertigt und verbreitet wurden, sah er sich veranlaßt, das Nachschreiben zu regeln. Mit dieser Aufgabe betraute er Marie Steiner-von Sivers. Ihr oblag die Bestimmung der Stenographierenden, die Verwaltung der Nachschriften und die für die Herausgabe notwendige Durchsicht der Texte. Da Rudolf Steiner aus Zeitmangel nur in ganz wenigen Fällen die Nachschriften selbst korrigieren konnte, muß gegenüber allen Vortragsveröffentlichungen sein Vorbehalt berücksichtigt werden: «Es wird eben nur hingenommen werden müssen, daß in den von mir nicht nachgesehenen Vorlagen sich Fehlerhaftes findet.»

Über das Verhältnis der Mitgliedervorträge, welche zunächst nur als interne Manuskriptdrucke zugänglich waren, zu seinen öffentlichen Schriften äußert sich Rudolf Steiner in seiner Selbstbiographie «Mein Lebensgang» (35. Kapitel). Der entsprechende Wortlaut ist am Schluß dieses Bandes wiedergegeben. Das dort Gesagte gilt gleichermaßen auch für die Kurse zu einzelnen Fachgebieten, welche sich an einen begrenzten, mit den Grundlagen der Geisteswissenschaft vertrauten Teilnehmerkreis richteten.

Nach dem Tode von Marie Steiner (1867-1948) wurde gemäß ihren Richtlinien mit der Herausgabe einer Rudolf Steiner Gesamtausgabe begonnen. Der vorliegende Band bildet einen Bestandteil dieser Gesamtausgabe. Soweit erforderlich, finden sich nähere Angaben zu den Textunterlagen am Beginn der Hinweise.

INHALT

ERSTER VORTRAG

Dornach, 11. März 1923

Aus unseren hier angestellten Betrachtungen wissen Sie, daß die Menschheit seit dem 15. Jahrhundert in das Bewußtseinszeitalter eingetreten ist. Und es ist ja in der Tat im heutigen Zeitalter dem Menschen, der die Entwickelung der Menschheit wirklich miterleben will, notwendig, sich über gewisse Dinge aufzuklären. Er kommt sonst mit dem Hineinstellen in den ganzen sozialen Zusammenhang des Lebens heute nicht mehr zurecht. Er erlebt an sich in seinem Verkehr mit den andern Menschen, an den verschiedenen Verhältnissen, die sich im Leben herausbilden, namentlich aber im Verkehr mit den Nichtgleichaltrigen, als älterer Mensch mit der Jugend, als jüngerer Mensch mit dem Alter, Dinge, die unverständlich bleiben, wenn er nicht eingehen kann auf dasjenige, was zum Verständnis alles Menschlichen auf dieser Erde beigetragen werden kann durch die geisteswissenschaftliche Erkenntnis.

Nun wollen wir heute ein uns längst bekanntes Faktum im Menschenleben näher betrachten: das Faktum, daß der Mensch nur im wachenden Zustande seine für das gewöhnliche Betrachten zunächst auffälligen vier Glieder, physischen Leib, ätherischen Leib, astralischen Leib und Ich, in einer unmittelbaren Verbindung hat, daß er aber als schlafender Mensch auf der einen Seite den physischen Leib mit dem Ätherleib in einer engeren Verbindung hat, und auf der andern Seite, getrennt von den beiden, wiederum das Ich und den astralischen Leib.

Wenn wir den Menschen von außen anschauen, so tritt er uns ja in seinem physischen Leib entgegen, in dem sich der Ätherleib ausprägt. Man kann schon sagen «ausprägt», denn alles das, wodurch sich der Mensch dem andern Menschen offenbart, geschieht nicht bloß durch den physischen Leib, sondern durch die Betätigung des ätherischen oder Bildekräfteleibes im physischen Leibe. Es ist also eigentlich, was im physischen und Ätherleibe lebt, dasjenige, was sich auf der Erde unmittelbar an dem Menschen dem andern Menschen offenbaren will.

Was aber in der Tiefe des Ich beschlossen ist und was im astralischen Leib lebt, das entzieht sich ja der äußeren Beobachtung, das tritt für den Menschen selbst in ein unbestimmtes Dunkel zwischen dem Einschlafen und Aufwachen. Das verhüllt sich für die Außenanschauung in demjenigen, was sich durch den physischen und durch den Ätherleib darstellt.

Diese Trennung seines Wesens, in die der Mensch im gewöhnlichen Leben jeden Tag mindestens einmal eingeht, ist nun von einer tiefgehenden Bedeutung für sein ganzes Leben. Dasjenige, was sich als physischer Leib und Ätherleib offenbart, das sehen wir ja, durch äußere Sinne und durch den äußeren Verstand betrachtet, von der Geburt bis zum Tode in einer Entwickelung.

Von dem, was sich am Kinde zunächst in dem instinktiven Leben, in dem kindlichen Nachahmungsleben äußert, und später in demjenigen Leben, das sich unter der Autorität des Alters ausbildet, von dem aus entwickelt sich dann der Mensch zu einem mehr selbständigen Leben. Wir sehen also die verschiedensten Stadien in bezug auf das Wachstum, in bezug auf die äußere Gestaltung des physischen Leibes, in bezug auf das, was sich darlebt in der Sprache, im Denken, also in dem, was allerdings durch den physischen Leib sich darstellt, was aber doch mehr den Äußerungen der Seele angehört; wir sehen da eine Entwickelung von der Geburt bis zum Tode hin.

Nicht in derselben Weise zeigt sich jene andere Entwickelung, die aber auch vorhanden ist: die Entwickelung des Ich und des astralischen Leibes zwischen der Geburt und dem Tode. In bezug auf das Ich und den astralischen Leib ist es so, daß zunächst, wenn der Mensch aus der geistigen Welt ins Erdenleben eintritt, er in sich noch vieles wirksam hat von den Kräften, die in der geistigen Welt in ihm wirksam waren. In dem Stadium des kindlichen Wachstums, in der Heranbildung dessen, was sich ja körperlich so deutlich beim Kinde herausentwickelt, wirken überall noch diejenigen Kräfte nach, die in ihrer vollen Bedeutung, in ihrer wahren Gestalt im vorirdischen Leben an der Seele, durch die Seele und im Geiste des Menschen wirken. Sie sind in einer Abschwächung vorhanden während des kindlichen Lebens, aber sie sind im Wachstum, sind in alledem vorhanden, was sich als körperliche

Äußerung des Seelischen allmählich im Menschen heranentwickelt. Und körperliche Äußerung des Seelischen ist ja auch das, was in dem Leiblichen tief innerlich verborgen ist: zum Beispiel die Ausbildung des Gehirnes zu dem vollendeten Denkorgan, die Ausbildung des Gefäßsystemes, das der Gefühlsentwickelung zugrunde liegt und so weiter.

Aber was so im Menschen als Nachklänge der Kräfte des vorirdischen Lebens wirkt, das wird immer schwächer und schwächer, und es erlangt einen gewissen Tiefpunkt, bei dem dann der Mensch in bezug auf seine vorirdischen Kräfte sein ganzes übriges Leben stehenbleibt. Dieser Tiefpunkt liegt allerdings erst in den zwanziger Jahren des irdischen Lebens, aber dann ist er eben vorhanden. Dann ergreifen die Menschenseele mehr diejenigen Kräfte, die von dem ausgebildeten physischen Leib herrühren; dann ist der Mensch nicht mehr so hingegeben dem, was als Nachklang des vorirdischen Lebens wirkt, sondern er ist mehr an alles das hingegeben, was sich der physische Leib angeeignet hat, und was von diesem physischen Leib wiederum zurückwirkt auf das Seelische.

Nun aber würde man, wenn man ebenso klar diese Entwickelung des Ich und des astralischen Leibes beobachten würde, zu ebenso konkreten Anschauungen über diese Entwickelung kommen, wie man zu konkreten Anschauungen kommt über die Entwickelung des physischen und des Ätherleibes von der Geburt bis zum Tode. Man würde sagen: Der Mensch hat im kindlichen Lebensalter einen so und so aussehenden Astralleib, ein so und so aussehendes Ich, und verändert dann das durch die Jahre seines Erdenlebens. – Man muß dann allerdings betrachten, wie sich dasjenige umändert, was der Mensch im schlafenden Zustande aus seinem physischen und Ätherleib als sein eigentlich Geistig-Seelisches herauszieht. Würde man neben die Beobachtung, die man auf den Menschen wendet in der Zeit vom Aufwachen bis zum Einschlafen, die andere setzen, die man auf die Betrachtung des Ich und des astralischen Leibes immer vom Einschlafen bis zum Aufwachen wenden könnte, dann würde man sozusagen zwei Lebensgeschichten des Menschen erhalten. Beide Lebensgeschichten sind für das ganze Leben gleich wichtig, ja es ist sogar die schlafende Lebensentwickelung wichtiger als die wachende für gewisse Totalkräfte des menschlichen Wesens; aber es kann eben für das gewöhnliche Anschauen die Betrachtung des Ich und des astralischen Leibes nicht durchgeführt werden.

Nun wollen wir heute einen besonders wichtigen Moment in dieser Entwickelung des Ich und des astralischen Leibes hervorheben. Dieser Moment ist gegeben durch die besondere Stellung, welche das Sprechen, die Sprache, nicht diese oder jene Sprache, sondern die Sprache überhaupt im menschlichen Leben einnimmt.

Gewiß, es ist der ganze Mensch, der ganze wachende Mensch daran beteiligt, wenn gesprochen wird. Es ist der physische Leib beteiligt an dem Vibrieren unserer Stimmbänder, an der Betätigung des ganzen Sprechapparates; es ist der ätherische Leib daran beteiligt, der astralische Leib und das Ich. Aber verhältnismäßig sind an dem Ganzen der Sprachtätigkeit eigentlich der physische Leib und das Ich am wenigsten beteiligt. Am stärksten an der Sprache ist der Ätherleib und ist der astralische Leib beteiligt.

Daß der Ätherleib mehr beteiligt ist am Sprechen als der physische Leib, das könnte überraschend sein; aber es muß gesagt werden, daß der Mensch eben das, was im Ätherleibe vorgeht, mit den gewöhnlichen Sinnen nicht beobachtet, daß ihm darüber die gewöhnliche Wissenschaft nichts sagt, und daß daher der Mensch also gewöhnlich nur das ins Auge faßt, was der physische Leib eben beim Sprechen tut, während die viel mannigfaltigere, viel gestaltendere Tätigkeit des ätherischen Leibes beim Sprechen, die sich sodann fortsetzt auf den astralischen Leib, in der gewöhnlichen Sinnesanschauung nicht beachtet wird. Wichtig vor allen Dingen ist aber, wenn man die Stellung des Sprechens im Leben erkennen will, das, was beim Sprechen im ätherischen Leibe und im astralischen Leibe vor sich geht.

Aber bedenken Sie: Dadurch, daß beim Sprechen hauptsächlich der ätherische Leib und der astralische Leib beteiligt sind, hat das Sprechen zwei Seiten. Zunächst diejenige Seite, durch die der ätherische Leib in Verbindung mit dem physischen Leibe das äußerlich wahrnehmbare, gehörte Sprechen zustande bringt. Aber indem wir sprechen, geht ja immer auch etwas in unsere Seele zurück. Wir fühlen in uns selbst das

Gesprochene, wir leben das Gesprochene mit. Während der andere, um unser Seelenleben wahrzunehmen, darauf angewiesen ist, durch den physischen Laut dieses unser Seelenleben an sich herankommen zu lassen, leben wir als der Sprechende selber auf eine innerliche Weise in unserem astralischen Leibe mit dasjenige, was wir in das Sprechen hineinlegen. Dadurch aber, daß wir den astralischen Leib im Schlafe aus unserem physischen Leib und Ätherleib herausziehen, nehmen wir ja von der Sprache auch etwas mit hinüber, ein Wichtiges mit hinüber in den schlafenden Zustand.

Ja, es ist schon so: Was wir vom Morgen bis zum Abend von unserem Seelischen in unsere Worte hineinlegen, das vibriert nach, schwingt nach vom Einschlafen bis zum Aufwachen. Es bleibt unbewußt für den Menschen, aber ich möchte sagen: Alles bei Tag Gesprochene vibriert, allerdings in rückwärtsgehender Ordnung, während des schlafenden Zustandes nach. Nicht so, daß die Worte wirklich zurück so erklängen, wie sie beim Tage durch unseren Mund erklingen, sondern es ist mehr dasjenige, was in dem Worte an auf- und absteigendem Gefühl liegt, was in die Worte an Willensimpulsen hineingeflossen ist, was von Lustigkeit, von Traurigkeit, von Freude und Schmerz in der Kolorierung des Sprachlichen sich ausdrückt und offenbart.

Aber das alles klingt im Schlafe nicht etwa bloß als ein unbestimmter Zustand nach, sondern es klingt so nach, daß tatsächlich bis in die Lautfolge hinein dasjenige, was die Seele erlebt, wieder erklingt in jenem unbewußten Zustande, den der Mensch mit gewöhnlichem Bewußtsein vom Einschlafen bis zum Aufwachen durchmacht.

Nun ist bis zum siebenten Lebensjahre das, was da vom Einschlafen bis zum Aufwachen in der schlafenden Kindesseele nachklingt, außerordentlich stark abhängig von der menschlichen Umgebung. Was Vater und Mutter, was die andere menschliche Umgebung als Gefühls-, Willens- und Denkleben in den Worten auslebt, die das Kind hört, das klingt nach in der Kindesseele vom Einschlafen bis zum Aufwachen, und diese Kindesseele ist ganz hingegeben an dasjenige, was aus dem Herzen, aus der Seele der menschlichen Umgebung in die Worte hineingelegt wird. Viel inniger verbinden sich da Gefühle, die das Kind erlebt durch die Sprache der Älteren, viel inniger verbinden sich da Gefühle und Willensimpulse und Gedanken mit den Lauten. Das Kind ist eben ganz hingegeben an alles, was es in der Umgebung erlebt.

Schon weniger ist das der Fall in dem zweiten menschlichen Lebensalter, vom siebenten bis zum vierzehnten Jahre; doch ist es immer noch in einem hohen Grade der Fall. Aber mit der Geschlechtsreife, mit dem vierzehnten Jahre beginnt etwas ganz Besonderes: da wird das, was aus der Sprache nachlebt in der schlafenden Seele, durch seine eigene Wesenheit so, daß es eine Beziehung eingehen will zur geistigen Welt.

Es ist also etwas höchst Merkwürdiges. Man möchte sagen: Bis zum siebenten Lebensjahre will das Kind auch im Schlafe sich noch verständigen mit dem, was es von den Menschen seiner Umgebung hört; in gewissem Sinne auch noch vom siebenten bis zum vierzehnten Jahre, nur daß es da mehr eingeht auf das eigentliche Seelenleben der Umgebung, während es bis zum siebenten Jahre mehr auf die Äußerlichkeiten des Lebens eingeht. Aber nach dem vierzehnten Lebensjahre, nach dem Einsetzen des Geschlechtslebens, tritt für die schlafende Seele des Menschen die Notwendigkeit ein, sich in dem, was da als Nachklang der Sprache im Schlafen weiterlebt, mit Wesen der geistigen Welt zu verständigen. Wie gesagt, es ist sehr merkwürdig. Das wird ja den Menschen für das gewöhnliche Leben nicht bewußt, aber es tritt im Schlafe die Notwendigkeit auf, daß das Seelenleben das Sprachliche des Erdenlebens so nachklingen läßt, daß die Erzengelwelt, die Archangeloiwelt an diesem nachklingenden Sprachleben ihr Wohlgefallen haben kann.

Man kann schon sagen: Es tritt für den Menschen die Notwendigkeit ein, sich mit der Erzengelwelt durch dasjenige Sprachliche zu verständigen, das ihm im schlafenden Zustand als Nachklang der äußeren Erdensprache bleibt. Da klingen die Worte des Tages nach in einer merkwürdigen Weise: innerlich vertieft alles Vokalische, bis zur Gegenständlichkeit von bewegten Formen gehend das Konsonantische. Das wird erlebt. Und die schlafenden Seelen würden sich unglücklich fühlen, wenn das, was da nachklingt, nicht eine Sprache wäre, die nun ähnlich klänge dem, was von der Sprache der Erzengel von der andern Seite her tönt. Da kann eine Harmonie sein zwischen dem, was als Nachklang der Sprache in den Schlaf hineintönt, und dem, was da von allen Seiten des Weltenalls aus dem Astralischen heraus die Erzengelwelt in ihrer Sprache ertönen läßt.

Der Mensch entwickelt sich eben in seinem Ich und in seinem astralischen Leibe so, daß er ungefähr von seinem vierzehnten Lebensjahre an zwischen dem Einschlafen und dem Aufwachen, wenn ich mich so ausdrücken darf, einen Umgang zu pflegen hat mit Engeln und Erzengeln, daß er darauf angewiesen ist, während dieses Umganges sich mit Engeln und Erzengeln zu verständigen. Das ist ein tiefes Geheimnis des Menschenlebens.

Nun ist es eine Eigentümlichkeit unseres Zeitalters, daß es immer mehr und mehr Menschen gibt, welche im schlafenden Zustande zu keiner solchen Verständigung kommen, welche sozusagen sich in den Schlaf hinein etwas von der Sprache mitnehmen, was diese Menschenseelen so gestaltet, daß sie die Sprache der Erzengel nicht verstehen, und daß die Erzengel kein Wohlgefallen finden an dem, was da von der Sprache nachklingt in das schlafende Leben hinein.

Es ist eben das Zeitalter eingetreten – man muß die Dinge irdisch ausdrücken, die natürlich schwer in der irdischen Sprache auszudrükken sind –, in welchem die Wesen der geistigen Welt sich mit den schlafenden Menschenseelen nicht mehr recht verständigen können, wo immer Mißverständnisse eintreten zwischen dem, was die Wesen der geistigen Hierarchien sagen, und dem, was die Menschenseelen sagen, wenn sie schlafen. Diskrepanzen, Disharmonien sind eingetreten.

Das ist der Aspekt, der sich von der andern Seite des Lebens in unserem Zeitalter darstellt. Ein quälender Zustand des Mißverstehens, des Sich-gar-nicht-Verstehens ist für den schlafenden Zustand zwischen Menschenseelen und Geisteswesen in unserem Zeitalter eingetreten. Und bedrückend muß für denjenigen, der eine solche Tatsache des geistigen Lebens heute kennt, die Frage werden: Woher kommt denn dieser Zustand?

Nun, unsere Worte, die wir aus dem Umfange der Sprache entnehmen, in die wir uns hineinleben, können, indem wir sie in der Kindheit lernen, sich so ausbilden, daß diese Worte nur auf die physische Welt gerichtet sind. So ist es ja immer mehr und mehr in dem materialistischen Zeitalter geworden. Die Menschen haben Worte, aber diese

Worte drücken nur etwas Physisches aus. Bedenken Sie, wie es in früheren Zeitaltern war: Da lebte der Mensch sich in die Sprache so hinein, daß er viele Worte hatte, die ihn durch ihren Inhalt hinauftrugen in geistig idealische Welten. Es muß schon gesagt werden, daß der reale Idealismus in unserem Zeitalter schwach geworden ist. Gerade bei denjenigen, die unsere heutige intellektualistische Bildung in sich aufnehmen, ist dieser Idealismus außerordentlich schwach geworden.

Es ist eben ein großer Unterschied, ob der Mensch in der Sprache, in die er hineinwächst, auch Ideale verkörpert hat oder nicht. Heute erleben wir es ja, daß Menschen, die studieren sollen, wohl noch ein Gefühl haben für diejenigen Worte, die sich auf äußerlich – wenn ich so sagen darf – derb materiell Konkretes beziehen, daß sie aber sofort aufhören zu denken, daß ihnen sofort die Gedankenfäden zerreißen, wenn sie sich in ein Denken erheben sollen, in welchem sie reine Gedanken haben müssen, die etwas Geistiges wiedergeben. Gerade die heute dem Zeitalter gemäß Gebildeten haben das am meisten, daß ihnen die Gedankenfäden reißen, wenn sie, sagen wir, idealistische, bedeutende Ideen des reinen Denkens aufnehmen sollen. Da werden ihnen die Worte zum bloßen Schein. Ja, es ist so, daß in unserem Zeitalter die Kinder sich hereinleben in eine Sprache, deren Worte nicht die Flügel haben, die hinwegtragen vom irdischen Leben.

In dem ersten Lebensalter, bis zum siebenten Jahre, ist immerhin der Mensch im schlafenden Zustande durch den Nachklang der Sprache noch in der Lage, etwas Geistiges zu erleben, wenn er die menschliche Umgebung miterlebt. Wenn diese Umgebung aus Materialismus das Geistige verleugnet, so verleugnet sie ja sich selbst, denn sie ist Seele und Geist. Also da hat der Mensch im Schlafe noch etwas Geistiges.

Er hat es auch im zweiten Lebensalter, vom siebenten bis zum vierzehnten Jahre. Aber wenn in den Worten, die der Mensch aufnimmt, gar nicht mehr idealistisch-spirituelle Bedeutung ist, wie in diesem materialistischen Zeitalter, in dem auch die religiösen Vorstellungen eigentlich ihre starke spirituelle Wirksamkeit auf die Menschenseelen verloren haben, dann wächst der Mensch nach dem vierzehnten Lebensjahr mit dem Eintritt der Geschlechtsreife in ein Seelenleben hinein, das ihn im schlafenden Zustande an das Physische bannt. Die Seele kommt nicht von dem Physischen los zwischen dem Einschlafen und Aufwachen. Die Worte sind es, der Nachklang der Worte ist es, der sie hinzwingt und hinbannt an das Physische. Und es vibriert hinein in dasjenige, was der Mensch zwischen dem Einschlafen und Aufwachen erlebt, das Getöse der mineralischen Welt von allen Seiten, es vibriert hinein das Getöse der vegetabilischen Welt in ihrer physischen Bedeutung. Das durchdringt mißtönend den Nachklang der Sprache zwischen dem Einschlafen und Aufwachen, und da kann die Seele nicht ausbilden, was sonst der Sprachgenius in die Sprache hineinversetzt, und was Verständigung bringen kann zwischen der Menschenseele und den Wesenheiten der höheren Hierarchien.

Und dann tritt jener eigentümliche Zustand ein, daß die Seele etwas erlebt – sie kann es dann nicht aussprechen, weil sie es ja nicht in bewußtem Zustande erlebt, aber es ist vorhanden –, daß die Seele etwas erlebt, was man etwa in der folgenden Weise charakterisieren kann: Der Mensch kommt im schlafenden Zustande, nachdem er geschlechtsreif geworden ist, in die geistige Welt hinein. Die Erzengelwelt tut sich vor ihm auf. Er spürt diese Erzengelwelt. Allein, es gehen keine Gedankenfäden von der Erzengelwelt in seine Seele und von seiner Seele zur Erzengelwelt. Und er kommt unter diesem furchtbaren Mangel beim Aufwachen in den physischen Leib zurück.

Dieser Zustand ist tatsächlich für einen großen Teil der Menschheit eingetreten seit dem letzten Drittel des 19. Jahrhunderts. Und im Unbewußten, hinter dem, was dem Menschen bewußt ist, liegt heute bei vielen Seelen etwas, was sie so aufwachen läßt, daß sie eben unbewußt sich sagen: Wir sind hineingeboren in eine Welt, die uns nicht in der richtigen Weise schlafend eintreten läßt in das geistige Dasein. – Und sagen möchten dann solche Seelen, die diesen Zustand erleben: Uns hat eine Menschenwelt aufgenommen als Kinder, die uns in den Worten das Geistige versagt hat. – Das alles lebt aber in den Empfindungen, die heute vielfach die Jugend dem Alter entgegenbringt. Das ist die geistige Seite der Empfindungen, die durch die Jugendbewegung auftreten.

Was will heute der junge Mensch gegenüber dem alten? Er kann es nicht aussprechen, weil sein Bewußtsein durch das, was er als Erbe empfängt in seinem Bildungsgange, durch das Alter eher zurückgehalten als geöffnet wird. Er kann es nicht aussprechen, aber er empfindet es, er fühlt es im unbestimmtesten Dunkel des inneren Seelenlebens: Ich muß ja als Kind mich hineinfinden in das, was mir durch die älteren Generationen übergeben wird. Diese älteren Generationen müssen mich auch erziehen, aber sie versagen mir die Möglichkeit, mich da, wo es nötig ist, mit der geistigen Welt zu verständigen. – In demselben Maße, in dem der Materialismus sich auf allen Gebieten des Lebens – auf dem Erkenntnisgebiete, auf dem künstlerischen Gebiete, auf dem religiösen Gebiete – weiter ausbilden wird, in demselben Maße wird sich zu gleicher Zeit Jugend mit Alter nicht verstehen können, weil die Jugend empfindet, sie muß dem Alter das Gefühl entgegenbringen, daß das Alter ihr den Idealismus der Sprache versagt hat, die Bedeutung in den Worten, die nach einem spirituellen Leben hinweist. Materialismus der Zivilisation trennt Jugend und Alter. Und der eigentliche Quell des Nicht-Verstehens von Jugend und Alter liegt in dem, was durch das Angefressensein der Sprache von dem Materialismus einen ungesunden Zustand des schlafenden seelischen Lebens des jungen Menschen hervorruft.

Gewisse Zivilisationserscheinungen kann man heute eben niemals verstehen, wenn man nicht auf die geistige Seite des Lebens eingehen kann; denn wir leben im Bewußtseinszeitalter, und da muß man sich bewußt werden dessen, was im Geiste den Menschen bildet und werden läßt. Und ein Verständnis zwischen Jugend und Alter wird erst wiederum möglich sein, wenn unsere Menschensprachen wieder so werden, daß die Worte Flügel bekommen, jene Flügel, die sie verloren haben, durch die das Wort aus dem Gebiete des derb materiell Konkreten sich in das Erleben der Ideale hinaufhebt.

Die mitteleuropäische Menschheit hat 1859 *Schillers* Andenken gefeiert. Aber es war zu gleicher Zeit in gewissem Sinne gerade das Sterbejahr des eigentlichen Idealismus. Und auch das, was die Jugend heute an Schiller erlebt, und was sie oftmals verachtet, weil sie eben nicht den eigentlichen Schiller erlebt, das ist ja nur ein äußerlicher Worterausch-und Wortetaumel, das ist nicht das, was in Schiller wirklich gelebt hat, weil die Worte nicht mehr jene Flügel haben, die sie in der Schiller-Zeit hatten, und die in das Reich der Ideale hinaustragen. Und wenn wir mit den heutigen philiströs-prosaischen Wortbedeutungen Schiller an die Jugend heranbringen, so wird das viel eher zum Ballast der Seele, als zu einer Befreiung des seelischen Lebens.

Man kann auch auf keine äußerliche Weise der Seele wiederum das geben, was sie haben soll, auch nicht durch die nebulosen sogenannten Idealismen, die nur Scheinidealismen sind, und die aus dem Materialismus unserer Zeit da und dort gutwillig, aber im Grunde genommen falschdenkend auftreten. Man kann der Seele das, was sie haben soll, nur geben, wenn man durch eine wirkliche Geist-Erkenntnis der Sprache ihre Schwungkraft wieder gibt, so daß sie wiederum hinführen kann zu dem Sprachgenius.

So wie die Sprache heute ist, gilt sie eigentlich mehr oder weniger nur als ein Verständigungsmittel auf dem physischen Plan; in bezug auf Deklamation und Rezitation haben wir es ja sogar durchgemacht, daß der Prosagehalt pointiert wird. Dasjenige, was die Sprache zur Bildhaftigkeit, zum Rhythmus, zum Takt, zum Melodiös-Dramatischen führt, was also zurückführt in das Seelische, und im Seelischen sich wiederum durch das Musikalisch-Imaginative hinauferhebt in die geistige Welt – wir haben erlebt, daß man es abgestreift und so, ich möchte sagen, dem Materialismus der Sprache eine weitere Konzession gemacht hat.

Die Sprache, wie sie heute unter allen zivilisierten Völkern beschaffen ist, diese Sprache fesselt die Seele vom Einschlafen bis zum Aufwachen an das bloß physische Raunen der mineralischen Welt, an das Gezische und Gesäusel des bloß physischen Inhaltes der vegetabilischen Welt, und eröffnet der Seele für den Schlaf nicht die helle Sprache der Angeloi, und die laute Posaunensprache der Archangeloiwelt mit ihrer kosmischen, tiefen Bedeutung.

Eigentlich sollte der Mensch heute vom geschlechtsreifen Alter an sich aus der Sprache etwas mitbringen, was sein Gehirn während des Wachlebens so präpariert, daß er im gewöhnlichen physischen Leben mit den Worten den Ideengehalt der Dinge versteht. Er sollte sich – weil die Sprache der Erzengel vom Einschlafen bis zum Aufwachen zu seiner Seele sprechen kann – dasjenige mitbringen, was seinen Blutkreislauf befähigt, die spirituellen Tiefen des Weltgeschehens wenigstens zu ahnen. Und er bringt, wenn er nicht eine spirituelle Erkenntnis heute aufnehmen kann, wenn unsere Schulbildung nicht spirituell vertieft ist, er bringt sich statt dessen die Schabe- und Wetztöne, die Roll- und Streichtöne der physischen mineralischen Welt mit, er bringt sich die zischenden, säuselnden, schlagenden und tropfig-klopfenden Töne des physischen Teiles der vegetabilischen Welt mit herein in sein Blut.

Dadurch ist er angewiesen, dieses bloß mineralisch vom Schlafe herein aufgepeitschte, disharmonisch gemachte Gehirn, und den von dem charakterisierten Gezische und Gesäusel durchwellten Blutsystemsprozeß dem konventionell Sprachlichen entgegenzustellen und eigentlich auch durch die Sprache nur in der irdischen Sphäre zu leben, während ihn sonst die Sprache hinaustragen könnte über das bloß irdische Erleben in ein höheres Erleben.

Wie könnten die Menschen, die durch die heutige materialistische Bildung gegangen sind, noch aus den Tiefen ihrer Seelen heraus das Wort aussprechen: «Mein unermeßlich Reich ist der Gedanke, und mein geflügelt Werkzeug ist das Wort»? – Für die Menschen der heutigen Bildung ist der Gedanke nicht ein unermeßlich Reich, sondern das allernächste Reich, das im wesentlichen nur die physisch-sinnlichen Dinge umfaßt, die man unmittelbar in seiner Sinnesumgebung gesehen hat. Und es ist das Wort kein geflügeltes Werkzeug, sondern ein Werkzeug, durch das wir ein unbestimmtes Seelenleben von Mund zu Ohr stammeln, aber so, daß nicht viel spirituell übersinnliche Bedeutung in diesem Stammeln liegt. Und während die Sprache durch eine spirituelle Weltanschauung ein seelisches Meer sein könnte, in das des Menschen Inneres sich versenkt und das die Menschenseele immer höher und höher tragen würde, wird sie gerade zu dem, was den Menschen an die Erde bannt, was ihn bannt an die irdisch eingeschränktesten Verhältnisse.

Das aber lebt sich heute auch in dem Schicksal des ganzen Menschengeschlechts aus. Wir sehen, wie heute das Zivilisationsleben sich auf das stützt, was an Menschenunterscheidungen über die Erde hin in den Sprachen gegeben ist. Man will neue Kultureinteilungen herbeiführen nach der Sprache. Aber durch das, was die Sprache geworden ist, ist ja ohne weiteres ersichtlich, daß diese Kultureinteilungen, diese Kulturideen nur im rein Materiellen leben, daß sie gewissermaßen die Decke bilden, die als Zivilisationsgehalt über die Völker der Erde hingebreitet werden soll, um diese Völker der Erde abzuschließen von der geistigen, von der spirituellen Welt. Und dieses nach oben hin materiellste Vermauern des menschlichen Seelenlebens sehen wir heute überall tätig sein. Das ist dasjenige, was den Materialismus der Gesinnung, den Materialismus des Denkens und Fühlens auch hineinträgt in das äußere menschliche Leben. Das ist es, was den Menschen allmählich vergessen läßt, daß er innerhalb des Menschengeschlechtes in etwas lebt, das aus den Sphären herein bestimmt ist, das aber, wenn der Mensch abgeteilt ist zu Nationen, zu Völkern und so weiter, ihm immer mehr und mehr den Glauben, einen blinden Glauben beibringt, daß er verharren müsse in etwas rein Materialistischem.

Und so sehen wir in das Erdenleben im großen als Zivilisations- und Kulturleben jenes Element einziehen, welches als innerer Materialismus das Erkenntnisleben, das künstlerische und das religiöse Leben ergriffen hat. Wir können heute geradezu in den Völkergebilden, die auf der Erde entstehen, erkennen, wie an ihnen nicht – wie einstmals – schöpferisch wirkt, was aus den Weiten des Weltenalls konfigurierend in das Erdenleben eingreift, sondern was aus den Tiefen der Erde selbst herauswächst. Wir sehen förmlich immer mehr und mehr den Menschen auch innerhalb eines Volksganzen mit dem bloß Materiellen des irdischen Wesens zusammenwachsen.

Könnte man sich dazu entschließen, die Aufmerksamkeit zu richten auf das, was ja dem heutigen Zeitalter vielfach ganz paradox klingt: daß der Mensch auch für sein Ich und für seinen astralischen Leib eine Lebensgeschichte hat, die sich in ihren einzelnen Phasen immer vom Einschlafen bis zum Aufwachen darstellt, ebenso wie das äußere physische Leben in seiner Entwickelung von der Geburt bis zum Tode sich vom Aufwachen bis zum Einschlafen darstellt, dann würde man sehen, woher vieles kommt, was in unserer heutigen Zivilisation lebt und von dem man sagen muß: So kann es nicht weitergehen! – Wenn man aber stehenbleibt bei dem bloß Äußerlichen der Sinnesbeobachtung, so wird man gerade das Wichtigste, das Allerwichtigste von dem, was getan werden muß, um den heutigen Niedergang in einen Aufgang in die Zukunft hinein zu verwandeln, nicht sehen.

Will man das Leben heute wirklich so betrachten, daß der Mensch etwas anfangen kann mit dieser Betrachtung, daß diese Betrachtung auch lebenspraktisch werden kann, dann muß man in ein geistiges Erkennen des Menschenlebens eintreten, und dann braucht man eben die geisteswissenschaftliche Anschauung.

Und diese geisteswissenschaftliche Anschauung muß deshalb das ganze Bildungsleben so durchdringen, daß das Kind, ebenso wie es heute einen Wortschatz aufnimmt, dessen einzelnen Worten alle Flügel genommen sind, nun wiederum, indem es den Geist aufnimmt und vom Geiste geleitet wird, mit dem Wortschatz schon dasjenige mit aufnimmt, durch das es hinaufgetragen wird in die geistigen Welten, in denen der Mensch doch seinem wahren Wesen nach urständet. Mit dem physischen Leben können wir den Geist verleugnen. Mit unserem geistigen Teil, der den physischen und den Ätherleib ablegen muß zwischen dem Einschlafen und Aufwachen, können wir den Geist nicht verleugnen. Und verleugnen wir von der physischen Seite aus diesen Geist, dann wachen wir jeden Tag so auf, daß wir als erwachsene Menschen das Leben nicht mehr verstehen, und daß sich dieses Mißverstehen, dieses Nichtverstehen des Lebens, in all unser Denken, Fühlen und Wollen hineinmischt. Und es wächst die herankommende Generation so auf, daß sie dem Erbe, das ihr übermacht wird von den Älteren, mit Vorwurf begegnen muß, weil dieses Erbe ihr etwas gibt, was sie in einen Abgrund hineinstößt da, wo sie nicht materialistisch sein kann, wo sie geistig werden muß, wenn sie in ihrem bloßen Ich und in ihrem astralischen Leibe ist.

Die älteren Sprachen der Menschheit sind Sprachen gewesen, deren andere Seite mit hineingenommen werden konnte in die geistige Welt, und zur Verständigung führen konnte mit den geistigen Wesenheiten, mit denen der Mensch verkehren muß, wenn er leibfrei ist. Die Fortentwickelung der Sprache zu ihrem heutigen Zustande ist dahin gegangen, daß sie den Menschen, wenn er mit den geistigen Wesen verkehren soll, in eine Verfassung bringt, daß er geistig stumm und taub bleiben muß für die geistige Welt, und nur alles dasjenige aufnehmen kann, was ihn herunterbringt, was im Physischen des Mineral- und Pflanzenreiches lebt.

So muß man, um das Leben heute zu verstehen – wenn ich mich des trivialen Ausdruckes bedienen darf –, hinter die Kulissen dieses Lebens schauen. Das aber ist nur möglich durch wirkliche und echte Geisteswissenschaft.

ZWEITER VORTRAG

Dornach, 12. März 1923

Aus den gestrigen Betrachtungen werden Sie ersehen haben, daß, wenn man die menschlichen Schicksale verstehen will, auch das Zusammenleben der Menschen verstehen will, man nicht stehenbleiben kann bei den abstrakten Naturkräften, von denen eigentlich heute einzig und allein die Rede ist in der gebräuchlichen Wissenschaft. Man muß – das haben Sie gestern gesehen – sich zu jenen geistigen Mächten wenden, welche gewissermaßen nach oben hin die Fortsetzung dessen bilden, was wir hier im sinnlichen Leben die Naturreiche nennen. Wir sprechen von den Naturreichen: von dem mineralischen Reiche, dem pflanzlichen, dem tierischen Reiche, müssen auch den Menschen, insofern er ein physisches Wesen ist, als ein viertes Naturreich betrachten; aber wir müssen dann einfach aufwärtssteigen und über dem Menschen das Reich der Angeloi, darüber das Reich der Archangeloi, das Reich der Urkräfte und so weiter annehmen.

Diese letzteren Reiche sind ja für die äußere Anschauung, für die Sinnes- und Verstandesanschauung zunächst nicht erreichbar, aber am menschlichen Leben sind sie wesentlich beteiligt.

Und nun habe ich Ihnen gestern deren Beteiligung auseinandergesetzt für jenen Wechsel im menschlichen Leben, der dadurch eintritt, daß der Mensch abwechselnd im wachen Zustande und im Schlafzustande ist. Ich möchte heute zu dieser Betrachtung eine andere hinzufügen: jene Betrachtung, welche auf den Menschen hinsieht, insofern er ein Wesen ist, das einen Teil seines Gesamtlebens innerhalb der geistigen Welt zubringt, aus der es heruntersteigt zu seinem irdischen Dasein, in die es wieder hinaufsteigt, wenn es durch die Pforte des Todes geschritten ist.

Nun wissen Sie ja aus dem Kursus, den ich hier gehalten habe im vorigen Jahre über Philosophie, Kosmologie und Religionserkenntnis, daß der Mensch, bevor er auf die Erde herabsteigt, ein ganz bestimmt konfiguriertes Wesen ist, das nur eben nicht von einem physischen Leibe umkleidet ist, nicht mit den physischen Kräften der Erde in einem Zusammenhange steht, das aber von einem Geistig-Seelischen, man könnte auch sagen, umkleidet ist, das mit den geistig-seelischen Kräften in Beziehung steht, geradeso wie wir durch den physischen Leib mit den physischen Naturkräften.

Nun bringt sich der Mensch, wenn er aus dem vorirdischen Dasein heruntersteigt in das physische Erdendasein, in einem gewissen Sinne noch die Nachwirkungen der Kräfte mit, die er in sich trägt im vorirdischen Dasein. Denn im Kind wirkt eben durchaus ein Geistiges, das eine Nachwirkung ist derjenigen Kräfte, die in uns waren, bevor wir zur Erde heruntergestiegen sind. Indem das Kind wächst, indem das Kind aus unbestimmteren Formen seine bestimmten menschlichen Formen herausbildet, steht es noch immer unter der Nachwirkung der überirdischen Kräfte, in denen es war, bevor es zur Erde hinuntergestiegen ist. Und das dauert eigentlich im Grunde genommen, obwohl es mit dem Zahnwechsel schon schwächer wird, bis zur Geschlechtsreife fort.

Der Mensch bildet ja namentlich seinen physischen Leib in den ersten sieben Jahren seines Lebens aus, seinen ätherischen oder Bildekräfteleib in den zweiten sieben Jahren. Während er diese beiden Werkzeuge seines irdischen Daseins ausbildet, wirken die charakterisierten Kräfte aus der geistigen Welt nach.

Nun habe ich schon gestern gesagt: Der Mensch ist nicht nur dasjenige Wesen, als das er sich für die äußere Sinnesanschauung und für den Verstandesgebrauch offenbart, sondern er ist auch während seines Erdendaseins jenes übersinnlich-unsichtbare Wesen, das aus dem Ich und dem astralischen Leibe besteht, und das während des Schlafzustandes getrennt ist vom physischen Leib und Ätherleib. Jede Nacht geht auch beim Erwachsenen das Ich und der astralische Leib aus dem physischen und dem Ätherleibe heraus. Bei dem Kinde ist ja, insbesondere in der ersten Zeit des physischen Erdenlebens, ein unbestimmtes Zusammen- und Auseinandergehen der vier Glieder der menschlichen Wesenheit. Das Kind ist noch wenig wach in der ersten Zeit seines Lebens. Das heißt, jener feste Zusammenhalt, der zwischen Ich, astralischem Leib, ätherischem Leib und physischem Leib ist, der ist nur kurze Zeit vorhanden. Es ist ein viel loserer Zusammenhang zwischen diesen vier Gliedern der menschlichen Wesenheit beim Kind als beim erwachsenen Menschen. Und so müssen wir durchaus ins Auge fassen nicht nur diejenige Lebensgeschichte des Menschen, die sich abspielt vor dem äußeren Auge, vor dem berechnenden Verstande, sondern wir müssen auch die andere Lebensgeschichte ins Auge fassen, welche das Ich und der astralische Leib immer im schlafenden Zustande durchmachen. Wenn auch beim Erwachsenen der schlafende Zustand der Zeit nach kürzer ist, so ist er für die Gesamtverfassung des menschlichen Wesens, vor allen Dingen aber auch für die Gesundung und Gesundheit des ganzen menschlichen Wesens, und damit für das Erdenleben überhaupt, eigentlich von einer viel größeren Bedeutung im Gesamthaushalt des Kosmos als das äußere physische Leben.

Durch das äußere physische Leben lebt der Mensch auf der Erde zusammen mit den drei sichtbaren Reichen der äußeren Natur und ihren Kräften. Wenn er schläft, sind sein Ich und sein astralischer Leib nicht unter diesen Kräften, sondern gewissermaßen in einer übersinnlichen Welt, die aber die sinnliche Erdenwelt durchsetzt, die mit der sinnlichen Erdenwelt verbunden ist. Also unterscheiden wir wohl: Es gibt eine übersinnliche Welt zunächst, in welcher der Mensch zwischen dem Tod und einer neuen Geburt ist; die macht er durch. Man kann sie beschreiben als ein vorirdisches oder nachirdisches Dasein. Er behält einen Rest der Kräfte für sein irdisches Dasein, welcher wirkt – beim Kinde sehr stark, später immer schwächer und schwächer. Aber das Ich und der astralische Leib sind während der Schlafenszeit in einer übersinnlichen Welt, die eine andere ist als diese übersinnliche Welt des vorirdischen Daseins. Die übersinnliche Welt des vorirdischen Daseins hat eigentlich mit der Erdenwelt selbst, so wie sie sich äußerlich zeigt, nicht viel zu tun. Diejenige übersinnliche Welt, in der vom Einschlafen bis zum Aufwachen zunächst der astralische Leib und das Ich sein müssen, die hat sehr viel mit dem Erdenwesen zu tun, sehr viel mit den drei Reichen, mit denen der Mensch auf der Erde zusammen ist, zu tun.

Diese übersinnliche Welt besteht aus den drei sogenannten Elementarreichen, die Sie in meinem Buche «Theosophie» beschrieben finden. Also außer dem, was ich gestern gesagt habe – daß das Ich und der astralische Leib sich einfinden in die Welt, in welcher Angeloi, Archangeloi sind –, müssen Ich und astralischer Leib vom Einschlafen bis zum Aufwachen noch in einer übersinnlichen Welt leben, die als solche nicht unmittelbar etwas zu tun hat mit jener übersinnlichen Welt, in welcher der Mensch ist, wenn er entkörpert ist, in welcher Angeloi und Archangeloi sind, sondern die die Welt der elementarischen Reiche ist, jener elementarischen Reiche, in denen sich Wesen finden, welche nicht so hoch stehen wie der Mensch, wenn er Erdenmensch ist, welche einen physischen Leib unmittelbar nicht haben, aber dennoch nicht bloß übersinnlicher Natur sind. Diese Wesenheiten der Elementarreiche bewohnen gewissermaßen die andern, nach außen hin sich offenbarenden drei irdischen Reiche.

Der Mensch lebt mit dem, was sich von den irdischen Reichen nach außen offenbart, wenn er wachend ist; er lebt, wenn er schläft, hinsichtlich seines Ich und seines astralischen Leibes, mit den unsichtbaren übernatürlichen Wesen der elementarischen Reiche.

Der Schauplatz, den gewissermaßen der Mensch um sich hat, der ist in beiden Fällen ein anderer, aber er ist ein irdischer zunächst. Und das, was ich gestern beschrieben habe, das Verhältnis, in das der Mensch im schlafenden Zustande zu den Angeloi, namentlich zu den Archangeloi kommt, das fügt sich dem, ich möchte sagen, mehr übernatürlichen Verhältnis zu den Elementarreichen hinzu. Geradeso wie der Mensch innerhalb der physischen Welt im wachenden Zustande für seinen physischen Leib und für seinen Ätherleib die Nahrungsmittel der Reiche der Natur zu sich nimmt, so strömen in ihn ein vom Einschlafen bis zum Aufwachen die Kräfte der drei elementarischen Reiche. Das ist dann sein Schauplatz. In diesen drei elementarischen Reichen hat man es ja, wie Sie wissen, mit lebend webendem Farbenfluten zu tun, man hat es mit webender Tonwelt zu tun. Man hat es zu tun mit demjenigen, was hier in der physischen Welt gewissermaßen an den äußeren festen stofflichen Dingen haftet, was in der elementarischen Welt frei schwebend und webend ist, weil in diesem freien Schweben und Weben, in diesem Strömen und Fließen eben das flutende Geistige sich so ausdrückt, wie hier der Stoff in der physischen Farbe, in dem physischen Ton. Aber wie der physische Stoff in festen äußeren Konturen, möchte ich sagen, festhält die Farben, so trägt in Strömungen, in Wellungen das Geistige der Elementarreiche die flutenden Farben frei in mannigfaltig wechselndem Spiel dahin.

Jenes Leben bleibt allerdings zunächst für den Erdenmenschen in unserer gegenwärtigen Entwickelungsphase unbewußt oder unterbewußt. Aber es ist deshalb doch so vorhanden, daß man auch in dieser Beziehung ebensogut eine Lebensgeschichte des Ich und des astralischen Leibes zwischen Geburt und Tod schildern könnte, wie man die äußere physische Lebensgeschichte zwischen Geburt und Tod für den Menschen schildert, insofern er im physischen Leibe und im Ätherleibe ist.

Nun besteht für dieses Ich und diesen astralischen Leib etwas ganz Bestimmtes in dem Erdenleben zwischen Geburt und Tod. Dieses Bestimmte, das verwandelt sich nämlich, wenn der Mensch die Geschlechtsreife erlangt. Geradeso wie im physischen Erdenbereich der Mensch gewissermaßen auf Erden steht, die Reiche um sich her wahrnimmt, aber auch hinausschaut in die Weiten des Kosmos, draußen die Sterne, also dasjenige wahrnimmt, was außerirdisch ist und sich physisch offenbart, so durchlebt ja das Ich und der astralische Leib in der elementarischen Welt zunächst dasjenige, was als elementarische Reiche diese übersinnliche Wesenheit vom Einschlafen bis zum Aufwachen umgibt. Aber es sieht der Mensch aus dieser elementarischen Welt auf, und er erblickt nicht bloß tote, leuchtende Sterne, er sieht in der Tat die Wesenheiten der höheren Hierarchien. Und er kommt mit diesen Wesenheiten der höheren Hierarchien eben in einen solchen Zusammenhang, wie ich einen davon gestern in der sprachlichen Beziehung ausgedrückt habe. Also der Mensch ist vom Einschlafen bis zum Aufwachen in der elementarischen Welt, erlebt dort dasjenige, was ich in dem schon genannten Kursus dargestellt habe, und er schaut hinaus aus dieser elementarischen Welt in die Weiten der überelementarischen Welt und nimmt wahr Angeloi, Archangeloi und Archai.

In dieser Beziehung aber hat sich der Mensch ganz wesentlich geändert, zuletzt geändert seit der Zeit, da er in die fünfte nachatlantische Kulturperiode eingetreten ist, also seit dem 15. Jahrhundert. Seit jener Zeit, da der Mensch jene intensive Intellektualität ausgebildet hat, die früher eigentlich nicht da war, wird es ihm als schlafendem

Menschen nicht mehr so leicht wie früher, das rechte Verhältnis zu finden zwischen Schlafen und Wachen.

Es war für den Menschen, der bis zum 15. Jahrhundert gelebt hat – für uns alle gilt das also, für unsere früheren Erdenleben –, es war für den Menschen, der bis zum 15. Jahrhundert gelebt hat, so, daß er im wachenden Zustande noch nicht durchsetzt war von der abstrakten Intellektualität. Dadurch lebte er viel intensiver in seinem physischen und in seinem Ätherleib, wenn er wach war, und er brachte sich eine gewisse Kraft aus diesem physischen und aus diesem Ätherleib auch in den schlafenden Zustand hinein, lebte intensiv die elementarische Welt mit, lebte auch intensiv mit dasjenige, was er schauen konnte beziehungsweise was er erleben konnte in dem Reiche der Angeloi, Archangeloi und Archai. Der Mensch bekam nämlich in jenen älteren Zeiten der Menschheitsentwickelung aus dem vorirdischen Dasein etwas mit, was ihn für den Zustand zwischen dem Einschlafen und Aufwachen stärker machte als heute. Und so konnte sich auch der Mensch wiederum aus der elementarischen und überelementarischen Welt, die er im schlafenden Zustand erlebte, beim Aufwachen etwas hereinbringen, was ihm in seinem Ätherleib und in seinem physischen Leib einen gründlichen Halt gab. Der Mensch war bis in das 15. Jahrhundert herein eine mehr geschlossene Wesenheit, als er heute ist. Heute geht es nämlich dem Menschen so: Er hat ja durch die Erbschaft, die er sich aus dem vorirdischen Dasein in das Erdenleben hereinbringt, allerdings genug Kräfte aus der geistigen Welt, um als Kind zu wachsen, um die andern Entwickelungsmomente, die er braucht, bis zu der Geschlechtsreife in sich aufzunehmen. Allein, der Mensch hat heute in diesem jetzigen Stadium seiner Entwickelung nicht unmittelbar genügende Kräfte, um das Ich und den astralischen Leib während des Schlafens in der richtigen Weise in die elementarische Welt hineinzustellen, wenn er nicht spirituelle Erkenntnis während des Wachens in sich aufnimmt.

Es ist einfach so, daß der Mensch dasjenige, was er früher auf natürliche Weise mitbekommen hat aus der geistigen Welt, und was ihm als Schlafendem auch noch nach der Geschlechtsreife in der elementarischen Welt dienlich war, heute aus der elementarischen Welt nicht mitbekommt. Das hängt damit zusammen, daß er ein freies Wesen werden soll. Er fühlt sich eigentlich, wenn er nicht während seiner Kindheit durch Unterricht und Erziehung Kenntnisse erhält von der geistigen Welt, als schlafender Mensch in der elementarischen Welt wie verkümmert. Und es tritt nicht nur jener Zustand gegenüber der Sprache auf, den ich Ihnen gestern geschildert habe, sondern es tritt noch etwas ganz anderes auf. Es tritt das auf, daß der Mensch nun im Überelementarischen die Archangeloi zwar erlebt, aber sich mit ihnen nicht verständigen kann. Was er aber nicht mehr oder wenigstens nur sehr spärlich, kümmerlich erlebt, das sind die Archai, das sind die Urkräfte. Und das ist seit dem 15. Jahrhundert menschliche Eigentümlichkeit, einfach menschliche Entwickelungseigentümlichkeit geworden, daß des Menschen Ich und astralischer Leib im schlafenden Zustande gewissermaßen schnappen nach einer Verbindung mit den Archai, mit den Urkräften, mit den Urbeginnen, aber sie nicht erreichen können, gewissermaßen ihnen gegenüber ohnmächtig sich fühlen.

Nun sind aber die Urkräfte, die Archai notwendig, damit der Mensch im Aufwachen intensiv genug in seinen Ätherleib untertauche. Also verstehen Sie mich recht, gestern setzte ich Ihnen auseinander, daß wenn der Mensch keine solche spirituelle Erkenntnis aufnimmt, er auch nicht einmal ansichtig wird der Archai im schlafenden Zustande, während er doch das lebendigste Bedürfnis hat, in diesem schlafenden Zustande zu den Archai ein so lebendiges Verhältnis gewinnen zu können, wie er hier auf Erden im physischen Zustande ein lebendiges Verhältnis zur Sonne gewinnt. Das ist außerordentlich wichtig. Und das ist etwas, was man sogar, wenn man die Dinge richtig anschaut, an charakteristischen Erscheinungen historisch bemerken kann.

Menschen, die mit der Vollkraft des Menschlichen in unserem intellektualistischen Zeitalter geboren sind, denen kann es unter dem Einfluß solcher Dinge, wie ich sie geschildert habe, so gehen, wie zum Beispiel *Goethe*. Ihm ist es eigentümlich gegangen. Er hatte einen Vater, der nun so recht ein Repräsentant des intellektualistischen Zeitalters war, ganz und gar ein guter Repräsentant dieses intellektualistischen Zeitalters. Diesem Vater gegenüber, der ja viel an seiner Erziehung mitwirkte, empfand natürlich Goethe: Da fließt nichts Spirituelles, da kommt nichts Spirituelles an mich heran.

Die Mutter – Sie können das fühlen, wenn Sie die Biographie der alten Frau Rat, der Mutter Goethes, studieren – war noch nicht so hereingewachsen in das intellektualistische Zeitalter; von der hatte Goethe, wie er ja selbst sagt, «die Lust zum Fabulieren». Die war also noch nicht so hereingewachsen in das Intellektuelle; aber auf der andern Seite konnte sie ihm doch wieder nicht so viel geben, als er eben brauchte.

Und so lebte er eigentlich heran mit einem unbewußten Gefühl: Du müßtest eigentlich von andern Leuten abstammen. – Sie müssen mich nicht mißverstehen, Goethe war natürlich nicht ein schlechter Sohn oder so etwas; in seinem Bewußtsein war er schon ganz ordentlich. Aber in seinem Unterbewußten lebte etwas von dem, daß seine Seele sich sagte: Du müßtest eigentlich ganz andere Eltern haben. – Hätte Goethe irgendwie äußerlich schon spirituelle Wissenschaft aufnehmen können, so würde er vielleicht dieses Gefühl so lebendig nicht gehabt haben. Aber spirituelle Wissenschaft gab es ja noch nicht. So bildete sich in seinem Unterbewußtsein das so aus: Ich müßte eigentlich Eltern haben, die nicht jetzt leben, die früher gelebt haben, ganz viel früher. Da haben einem die Eltern durch die lebendige Atmosphäre, in der ihre Sprache, die Handhabung ihres ganzen Lebens drinnengestanden hat, noch dasjenige überliefert, was man brauchte, um im schlafenden Zustande so in der elementarischen Welt zu leben, daß man richtig den Ätherleib ergreifen kann.

Goethe hat ja alles mögliche gemacht – es gibt Mappen von Zeichnungen, die er gemacht hat, und auch sonst hat er alles mögliche versucht –, aber es ist ihm eigentlich immer nicht gelungen, in der richtigen Weise mit seinem Ich und mit seinem astralischen Leib den Ätherleib anzufassen und zu gebrauchen. Schauen Sie sich die Goetheschen Zeichnungen an, da haben Sie unmittelbar das Gefühl: Das zeichnet ein Ich und ein astralischer Leib, und da ist es genial; aber es ist nichts drinnen von richtigem Zeichnerischem, von dem, was man sich aneignen muß, indem man sich in der richtigen Weise des physischen und des Ätherleibes bedient.

Und derjenige, der nun nicht ein Goethe-Philister ist, sondern ein offener, freier Mensch, der wird auch den Jugenddichtungen Goethes das ansehen: Da ist überall das darinnen, daß er eigentlich nicht recht heran kann mit seinem Ich und seinem astralischen Leib an den Ätherleib und an den physischen Leib. Das kann er nicht. Und mit dem wächst er nun heran; das wird besonders stark, als er ein Jüngling ist. Die Leipziger Professoren konnten ihm erst recht nicht das verschaffen, daß er nun aus dem physischen Leben hineingenommen hätte in die elementarische Welt das, was ihn dann in den ordentlichen Besitz seines Ätherleibes gesetzt hätte.

Und so lebte dieses unbestimmte Gefühl, dieses unbewußte Gefühl fort: Du müßtest eigentlich von ganz andern Eltern einer ganz andern Zeit geboren sein, auch in einer ganz andern Umgebung! – Und weil dieses Unbestimmte in seiner Seele lebte, konnte er es zuletzt nicht mehr aushalten. Er bekam dann eines schönen Tages, wiederum nicht ganz vollbewußt, aber deshalb nicht weniger intensiv das Gefühl: Ja, hätten dich Griechen geboren, da wärest du ein richtiger Kerl geworden; einen griechischen Vater, eine griechische Mutter müßtest du haben!

Das veranlaßte ihn, seine italienische Reise zu machen, um wenigstens noch in Italien eine lebendige Beziehung zu einer andern Elternschaft, zu einer andern Vorfahrenschaft zu bekommen, als er sie in seiner Umgebung hat bekommen können. Er suchte sich gewissermaßen auf eine ganz abnorme Weise andere Ahnen. Griechische Ahnen suchte er sich. Denn für ihn wirkte das nicht gut, was da seit der Griechenzeit sich allmählich hineingeschlängelt hatte in die intellektualistische Welt. Und als er dann nach Italien kam, da fühlte er in der Tat so, als ob ihn Griechen geboren hätten. Und das, was er sah, das führte ihn eben zu dem auch oft von mir zitierten Ausspruch: Nach dem, was ich hier sehe, ist es mir, als ob ich hinter die Rätsel der griechischen Kunst gekommen wäre; die Griechen schaffen nach denselben Gesetzen, nach denen die Natur schafft, und denen ich auf der Spur bin – und so weiter. Da fühlte er, daß ihm die Kraft kam, die er brauchte, um seinen Ätherleib richtig in seine Gewalt zu bekommen.

Da nahm er sich so etwas vor wie die «Iphigenie», die er früher schon auf das Papier hingeworfen hatte. Aber das genügte ihm nicht, denn es war aus dem Ich und dem astralischen Leib heraus, nicht aus dem ätherischen Leib heraus. Da dichtete er die «Iphigenie» in Italien um.

Wir haben bei den Rezitationsvorträgen öfters diese zwei, die deutsche und die italienische «Iphigenie» Ihnen vorgeführt, um zu zeigen, wie gewissermaßen Goethe in seiner Entwickelung da einen Sprung gemacht hat. Dieser Sprung besteht eben darin, daß er durch dasjenige, was als Eindruck sich ihm ergab von den Nachwirkungen der griechischen Kunst in der italienischen Kunst, jene Kraft in sich aufnahm, die ihn in der richtigen Weise als schlafenden Goethe mit den Urkräften in Beziehung brachte, so daß die Urkräfte ihm nun mitgeben konnten, was ihn in der richtigen Weise zusammenschweißte mit seinem ätherischen Leibe und mit seinem physischen Leibe.

Dadurch wurde Goethe ein anderer, als die Menschen des materialistischen Zeitalters sonst sind. Es ist ja merkwürdig, diese Menschen des materialistischen Zeitalters reden von der Materie, reden von der physischen Welt, während ihre Krankheit darin besteht, daß sie ihren physischen und Ätherleib gar nicht ordentlich haben. Gerade dadurch wird man Materialist, daß man nicht an den physischen und Ätherleib herankommt, daß der Geist zu schwach ist, um den Leib in der richtigen Weise zu ergreifen.

Goethe arbeitet eigentlich in der ganzen ersten Hälfte seines Lebens daran, seinen Ätherleib in der richtigen Weise zu erfassen. Und während wir verhältnismäßig, ich möchte sagen, ein zuträgliches Leben führen können, wenn wir während des Schlafes in ein gewisses Verhältnis zu der Welt der Angeloi und Archangeloi kommen, müssen uns die Archai helfen, schlafendes und wachendes Leben richtig zusammenzuführen. Wachendes Leben für sich führen physischer Leib und Ätherleib durch die Naturkräfte, die äußerlich sichtbar sind, die in den drei Reichen sind. Das schlafende Leben wird in der richtigen Weise geführt, wenn der Mensch in den elementarischen Reichen in der richtigen Weise zwischen dem Einschlafen und Aufwachen lebt, und aus diesen elementarischen Reichen heraus ein Verhältnis zu Angeloi und Archangeloi gewinnt. Aber es ist dem Menschen ein weiteres notwendig.

Schematisch kann man das so zeichnen: Physischer Leib, Ätherleib Tafel 1*
müssen im wachenden Zustande ein richtiges Verhältnis gewinnen zu

* Zu den Tafelzeichnungen siehe S.127.

Tafel 1

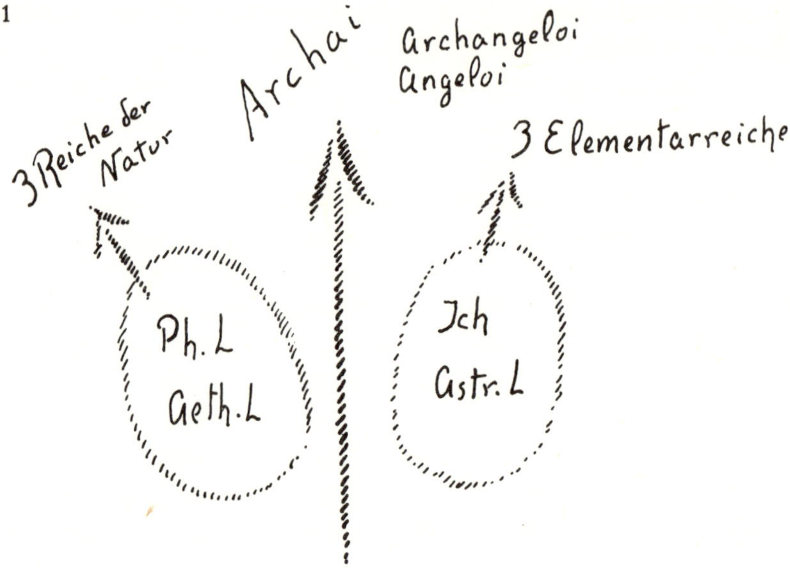

den drei Reichen der Natur (siehe Zeichnung). Der schlafende Mensch, Ich und astralischer Leib müssen ein richtiges Verhältnis gewinnen zu den drei Elementarreichen, aber auch zu den Reichen der Angeloi und Archangeloi. Aber hat man nur zu diesen Reichen ein entsprechendes Verhältnis, so kommt das richtige Ineinander nicht zustande. Es ist kein richtiges Verhältnis zwischen Schlafen und Wachen. Damit in der richtigen Weise das Ich und der astralische Leib aus dem physischen und dem Ätherleib herauskommen und hereinkommen, muß der Mensch außerdem noch das rechte Verhältnis haben zu dem Reiche der Archai (mittlerer Pfeil), zu dem Reiche der Urbeginne oder Urkräfte.

Goethes Tendenz nach Italien war einfach eine solche nach einem richtigen Verhältnis zu den Archai, zu den Urkräften. Diese Urkräfte haben es mit dem ganzen Menschen zu tun, insofern dieser ganze Mensch abwechselnd ein wachendes und ein schlafendes Wesen sein muß. Und es gibt einfach nicht der Schlaf die richtige Stärke, und es wird einfach nicht aus dem Leben auf Erden alles gezogen, was daraus gezogen werden soll, wenn nicht das richtige Verhältnis zu den Urkräften dadurch eintritt, daß der Mensch jene starken inneren Kräfte entwickelt, welche notwendig sind, wenn man die spirituelle Wissenschaft begreifen soll.

Um das, was heute offizielle Wissenschaft ist, zu begreifen, dazu ist ein Verhältnis zu den Urkräften nicht nötig, denn das begreift man eigentlich mit dem bloßen Kopf. Dazu braucht man gar nicht seinen übrigen Organismus dem Ätherleib nach voll zu ergreifen. Will man aber den ganzen Menschen durchsetzen mit seinem menschlichen geistigen Wesen, dann muß man ein Verhältnis zu den Urkräften haben.

Dieses Verhältnis zu den Urkräften war auf atavistische Weise in alten Zeiten vorhanden. Da haben die Urkräfte noch so viel im vorirdischen Leben auf den Menschen gewirkt, daß er sich die nötige Stärke, in sich zu leben, mitgebracht hat. Aber gerade dadurch ist unser Zeitalter charakterisiert, daß sich diese Urkräfte mehr oder weniger beim Übergange des Menschen aus der geistigen Welt in die Erdenwelt zurückziehen, daß sie gewissermaßen den Menschen dünner herabsteigen lassen auf die Erde, als er früher herabgestiegen ist, und daß der Mensch hier auf Erden aus seiner eigenen Kraft heraus das Spirituelle suchen muß, damit er wiederum in ein Verhältnis zu den Urkräften komme.

Sie können, wenn Sie eine Empfindung haben für so etwas, wie die geistigen Offenbarungen Goethes sind, den Unterschied zwischen Goethe und einem bloßen Kopfmenschen sehr leicht sich vor das Seelenauge stellen. Ein bloßer Kopfmensch sagt Ihnen allerlei Vorstellungen; es kann außerordentlich logisch sein, was er sagt. Wenn er aber über das hinausgehen soll, was sich mit bloßer Logik umfassen läßt, dann muß er auf seine Instinkte zurückgehen, das heißt auf sein Tierisches, da wird er zuweilen höchst unlogisch. Sie werden ja vielleicht einige Erfahrungen darüber haben, daß es heute Leute gibt, die ganz gut logische Bücher schreiben können; wenn man aber im täglichen Umgang mit ihnen ist, und es sich nicht um das Tradieren einer Wissenschaft handelt, wo sie logisch darinnen sind, sondern um dasjenige, was das alltägliche Leben ist, da kann es zum Verzweifeln mit ihnen sein, denn da spielen in der unlogischsten Weise die gewöhnlichsten Emotionen, die gewöhnlichsten Instinkte. Man könnte schon sagen: Dem Kopfe nach kann man sogar außerordentlich schöne Theorien entwickeln, sie brauchen mit dem ganzen Menschen nichts zu tun zu haben. – Sie brauchen sich ja nur zu erinnern an jene Geschichte, die ja typisch ist – sie ist überall vorgekommen –, daß ein Lehrer in einer Schule ist, der außerordentlich gute pädagogische Theorien darüber hat, wie im Kinde heranerzogen werden muß das Beherrschen der Emotionen, das Beherrschen der Leidenschaften und so weiter, das predigt er den Schülern. Da kommt es vor, daß ein Schüler, weil er etwas nichtsnutz ist, das Tintenfaß umschüttet. Und da schreit der Lehrer: Was, du hast jetzt deinen Leidenschaften freien Lauf gelassen! Denn wärst du logisch, vernünftig gewesen, so hättest du das Tintenfaß nicht umgeschmissen. Ich ...! – Und er ergreift den Stuhl und schlägt los. Indem er gerade die Moderierung der Leidenschaft theoretisch aus dem Kopfe heraus außerordentlich gut erklärt, schlägt er los, zerbricht vielleicht ein Stuhlbein oder so etwas. Es ist natürlich allerdings ein radikal extremer Fall, aber so ähnlich kommen ja die Dinge immerfort vor.

Also nehmen Sie einen solchen Kopfmenschen auf der einen Seite und Goethe auf der andern Seite, überall werden Sie sehen, in allen Einzelheiten seines Lebens, aber auch in seinen höchsten geistigen Leistungen: Es ist der ganze Mensch, nicht bloß der Kopf-Goethe, es ist der ganze Mensch Goethe drinnen.

Bei sehr vielen Geistesgrößen der Menschheitsentwickelung kann man den Menschen vergessen. Man hat das Gefühl, daß eigentlich nur der Kopf da ist. Nicht wahr, was interessiert einen in der Tat an *Newton* als der Kopf! In der Geschichte lebt eigentlich Newton nur als Kopf fort. Goethe als bloßer Kopf wäre nicht denkbar. Bei Goethe weiß man, daß er überall, in seinen kleinsten Begriffen, als ganzer Mensch drinnen ist. Man sieht es, ich möchte sagen, ganz besonders dem zweiten Teil des «Faust» an, aber auch dem «Wilhelm Meister», gerade den interessantesten Dichtungen Goethes sieht man es an. Wenn Goethe sich niedergesetzt hat, dann machte er den Eindruck eines großen Menschen, wenn er aufgestanden ist, dann machte er den Eindruck eines kleinen Menschen. Goethe war eine Sitzgröße, wie man das nennt. Er hatte nämlich kurze Beine und einen großen Oberkörper.

Aber das sieht man, wenn man dafür ein Gefühl hat, auch seinen geistigen Leistungen an: Es ist eben der ganze Mensch dadrinnen.

Und das ist dasjenige, was unser Zeitalter wieder braucht: aus den Köpfen ganze Menschen zu machen. Bei den Menschen der Gegenwart ist es zufällig, daß am Kopfe noch etwas dranhängt. Denn was sie für das äußere Leben leisten, das leisten sie ja mit dem Kopfe. Die Arme zum Beispiel sind eigentlich bloße Werkzeuge. Bedenken Sie, manche Menschen haben heute schon eine Handschrift, die sich ganz richtig, auch durch irgendwelche federnden Maschinen, die man an den Kopf anhinge, künstlich herbeiführen ließe. Wenn der Mensch ein Gefühl dafür hätte: Geistigkeit lebt auch in seinen Armen und Händen, und die Schrift entsteht durch die Arme und Hände –, ja, wenn das der Fall wäre, dann könnte man überhaupt den Schreibunterricht, der heute elementarisch gegeben wird, nicht geben, denn dieser Schreibunterricht ist lediglich ein Kopfunterricht, der sich nur der Arme und Hände als äußerer Werkzeuge bedient, wie Maschinen.

Es ist in der Tat das, was am Kopfe dranhängt, beim heutigen Menschen mehr oder weniger zur Maschine geworden. Das ist, weil jenes – wenn ich mich des Ausdruckes bedienen darf – Fluidum oder jene Fluidalkraft, durch welche der geistig-seelische Mensch seinen physischen und Ätherleib ergreift, nur dann sich in der richtigen Weise entwickeln kann, wenn der Mensch das rechte Verhältnis zu den Urkräften, zu den Archai erlangt. Lesen Sie in meiner «Geheimwissenschaft im Umriß», Sie werden finden, daß die Archai die ersten waren, schon während der alten Saturnzeit, die an die Menschheitsentwickelung herangetreten sind als überirdische Wesenheiten. Dann sind die Archangeloi, dann die Angeloi hinzugekommen, dann erst ist der Mensch geworden. Sie sind auch wiederum die ersten, die sich zunächst zurückzuziehen haben aus dem Unterbewußten des Menschen, und die der Mensch wiederum erreichen muß aus seinem Bewußtsein heraus.

Das aber können wir nur, wenn wir eben während unseres Wachlebens die starken Kräfte entwickeln, welche zum Verstehen der spirituellen Erkenntnis notwendig sind. Dann werden wir aber auch in die Lage kommen, Herz und Sinn dafür zu haben, daß da in der Natur draußen, in der wir als physischer Erdenmensch leben, noch etwas anderes ist, als was wir im wachenden Zustande für das normale Bewußtsein erleben.

Gehen Sie zurück in die Zeiten der älteren Medizin. Da hat kein Mensch daran gedacht, der mit Medizin etwas zu tun hatte, bloß die äußeren abstrakten Naturkräfte und Naturstoffe zu untersuchen. Da arbeiteten die Leute in ihrem Laboratorium – wenn man ihre Anstalten so nennen kann – so, daß ihnen aus den Vorgängen der Natur überall die Wirkungsweisen der elementarischen Kräfte entgegenleuchteten. Eigentlich haben ja die Menschen immer gefragt: Wie nimmt sich dasjenige, was irgend so ein Schwefel- oder anderer Prozeß ist mit einem andern Stoffe zusammen, wie nimmt sich das aus hinter der bloßen sinnlichen Erscheinung? Wie wirken da die Wesen der elementarischen Reiche drinnen? – Die Menschen machten ihre Experimente, um gewissermaßen bei so einer Verwandlung, welche ein Stoff durchmacht, indem er sich mit einem andern verbindet, oder indem er aus einem andern hervorkommt, zu erlauschen, wie da namentlich in dem Übergange, bei dem Farbenwechsel eines Stoffes, herauslugt aus dem elementarischen Reiche in die sinnliche Welt herein dasjenige, was Wesen der elementarischen Reiche sind. Noch *Paracelsus,* wenn er Sulfur, Salz, Merkur beschrieben hat, hat nicht diese gewöhnlichen physischen Stoffe beschrieben, sondern das, was ihm, wenn diese Stoffe Verwandlungen durchmachten, aus dem elementarischen Reiche herauslugte. Man kann daher nirgends den Paracelsus verstehen, wenn man seine Ausdrücke so nimmt, wie sie heute in der Chemie gebraucht werden, weil er überall eigentlich dasjenige meint, was eben in der geschilderten Weise da aus der elementarischen Welt herauslugt. Das aber sind auch die heilenden Kräfte. Es sind die wirklichen heilenden Kräfte. An dem, was Sie an irgendeiner Pflanze sehen, an dem, was Ihnen, sagen wir, die Herbstzeitlose äußerlich zeigt, sehen Sie nicht die charakteristischen heilenden Kräfte der Herbstzeitlose. Wenn Sie die charakteristischen heilenden Kräfte der Herbstzeitlose sehen wollen, da müssen Sie sich die Herbstzeitlose anschauen im Verblühen, wenn sie diese eigentümliche freche Farbenveränderung durchmacht. Da macht sich nämlich das elementarische Wesen davon und bewirkt die Farbenänderung durch einen ähnlichen Prozeß – nun, Sie wissen ja, wenn sich der Teufel davonmacht, läßt er einen Gestank hinter sich, und die elementarischen Wesen machen sich da durch ihre Frechheit in der Farbengebung geltend.

Da muß man an diesen Übergängen erkennen, wie dem ein Prozeß in der elementarischen Welt zugrunde liegt. Aber in diesem elementarischen Prozesse drinnen lebt eben auch die menschliche Seele, Ich und astralischer Leib, vom Einschlafen bis zum Aufwachen. Da lebt sie darinnen. Und wenn Sie zu Hilfe kommen wollen einem Naturprozeß im Menschen, so daß ein Heilungsprozeß entsteht, der notwendig geworden ist, dann geht eigentlich folgendes vor: Wenn Sie den Menschen lassen wie er ist, dann geht er in unregelmäßiger Weise aus einem schlafenden Zustand in den wachenden Zustand, und wiederum aus dem wachenden in den schlafenden Zustand hinüber. Geben Sie ihm irgendeinen Stoff, eine Substanz, sagen wir, aus der Pflanzenwelt, die zu einer ganz bestimmten elementarischen Wesenheit eine Beziehung hat, so nimmt der Mensch hier in seinem Leibe etwas auf, was seinem astralischen Leibe in die elementarische Welt hinein eine bestimmte Kraft mitgibt, so daß er dort zu den bestimmten elementarischen Wesen nun als seelisch-geistiges Wesen ein Verhältnis gewinnen kann. Das bringt er sich wieder mit beim Aufwachen, und das wirkt dann eigentlich gesundend. Gesundend wirkt eigentlich nicht der Stoff, gesundend wirkt der Zustand, in den man den Menschen bringt durch den Stoff, indem der Stoff seine Beziehung zur elementarischen Welt hat und diese Beziehung zur elementarischen Welt auf den Menschen überträgt. Eigentlich können Sie bei einer großen Anzahl von Krankheiten fragen: Was muß sich ändern an dem Menschen, damit er in einer andern Weise, als er es als Kranker gewöhnt ist, in den Schlaf hineinkommt und wieder zurückkommt, damit er gesund wird? Zum größten Teile ist das Studium der Heilungsprozesse ein Studium der Zustandsänderungen, die der Mensch durchmacht zwischen der Äußerung in der physisch-sinnlichen Welt, und der Äußerung in der elementarischen Welt.

Auf solche Äußerungen in der elementarischen Welt konnte man früher, da noch die Archai, die Urkräfte zu dem Menschen in einer lebendigen Beziehung standen, hinweisen; heute kann man das nicht mehr, wenn man nur das gewöhnliche Bewußtsein anwendet und sich nicht einläßt auf die geistige Erkenntnis. Man muß sich einlassen auf die geistige Erkenntnis, dann bekommt man allmählich wiederum, zunächst einfach durch den gesunden Menschenverstand, eine Einsicht, wie man einrichten muß diesen Wechselzustand von Wachen und Schlafen zwischen der äußeren physischen Welt und der elementarischen Welt, um Heilungsprozesse herbeizuführen.

Also Sie sehen, notwendig ist es nicht allein, daß der Mensch innerhalb des Sprachlichen – wie ich es gestern ausgeführt habe – wiederum in ein richtiges Verhältnis zu den Archangeloi komme, sondern es ist notwendig, daß der Mensch durch jene stärkere Willensentfaltung, die es braucht, um Geisteswissenschaft zu begreifen, auch wiederum in ein intensiveres Verhältnis zu den Archai, zu den Urkräften kommt. Dann wird ihm eine ganz andere Art von Erkenntnis selbstverständlich sein, als diejenige ist, die heute an ihn herangebracht wird. Das ist ja das, was die Leute heute so scheuen. Um Geisteswissenschaft zu studieren, dazu gehört Willensentwickelung. Die Begriffe, die man in der Geisteswissenschaft bekommt, diese Ideen, die muß man mit innerer Willensentwickelung, mit innerer Aktivität aufnehmen. Das lieben die Menschen heute nicht. Sie möchten eigentlich innerlich den Willen ganz ruhig lassen und die Erkenntnis so an sich vorbeirollen lassen, durch die Augen hereinkommen lassen, ohne daß man was dazu tut, dann das Gehirn in Schwingungen bringen, damit das auch so von selber mitläuft. Und am liebsten möchten eigentlich heute schon viele Leute, daß man statt der Vorträge bloß eine Art Film vorführt, wo man nicht mehr mitzudenken braucht mit dem, was einem übermittelt wird, sondern wo man ganz ohne innere Aktivität sich hingeben möchte und alles so vorbeiziehen läßt. Dann stößt es an die Augen an, erzeugt da Bilder, die drücken sich wieder im Gehirn ab, und dann wird das möglichst oft gemacht, so daß es sich intensiv eindrückt, und nun hat man es aufgenommen. Dadurch aber wird man so ein richtiger Automat, Geistesautomat: man braucht dasjenige, was einem geistig vorgeführt wird, innerlich nicht in Aktivität umzusetzen, sondern es prägt sich einem ein. Man wird ein Geistesautomat, man braucht zum Beispiel gar nicht den menschlichen Organismus zu erkennen; denn um ihn zu erkennen, dazu gehört unbedingt innere Aktivität. Man kann den Menschen nicht verstehen, wenn man nicht an den Menschen herankommt mit innerer Aktivität, wenn man nicht auch solche Ideen aufnimmt wie diejenigen, die Ihnen heute entwickelt worden sind. Aber, nun ja, man kann ja ohne innere Aktivität probieren, wenn man zum Beispiel Antipyrin nimmt, wie das auf den menschlichen Organismus wirkt. Man probiert es aus, da braucht man nichts zu verstehen vom Menschen, sondern man sieht, wie es äußerlich wirkt; das prägt sich dann dem Menschen ein. Wenn es sich genügend oft eingeprägt hat, so kann man es auf ein Rezept schreiben, und man wird auf diese Weise, ohne die Erkenntnis des Menschen, ein Geistesautomat. Ein großer Teil des heutigen Lebens läuft nämlich so ab.

Aber die Zeit ruft uns wiederum auf zur inneren Aktivität, zur innerlichen Willensentfaltung. Das ist, was Jugend vom Alter will. Die Jugend will: Das Alter soll uns wiederum etwas überliefern, wodurch wir in die richtige Sprachbeziehung zu den Archangeloi kommen. Aber das Alter soll uns auch so erziehen, daß wir in die richtige Beziehung zu den Archai kommen. Denn – so sagt die Jugend – bis wir das nötige Alter erreicht haben, ist es notwendig, daß wir uns der Erziehung der Alten übergeben. Aber in der Erziehung der Alten liegt dieses Hindrängen zu dem Filmhaften, zu der Inaktivität.

Das ist die andere Seite der Jugendbewegung, innerlich angesehen, die eine habe ich Ihnen gestern dargestellt. Alles ruft den Menschen heute auf, ein ganzer Mensch zu sein, nicht nur passiven Ideen, die von der Außenwelt ihm zufließen, sich hinzugeben, sondern innerliche Aktivität zu entwickeln, auch das ideelle, auch das gedankliche Leben mit innerlicher Aktivität zu erleben, mit dem Willen zu erleben.

Aber dazu ist die menschliche Natur heute in vieler Beziehung viel zu schwachmütig, um nicht zu sagen, zu feige. Denn der Mensch denkt gleich, wenn er seinen Willen auf irgendeinen Ideenzusammenhang anwendet: Das ist nicht objektiv, das bin ja ich, da mache ich ja mir die Ideen –, weil der Mensch es scheut, zuerst seinen Willen so zu gestalten, daß der Wille Objektives in der geistigen Welt erleben kann. Man kann eben ohne den Willen in der geistigen Welt nichts erleben, also auch nichts Objektives. Natürlich, der bloß emotionelle Wille, der Wille, der bloß abhängig ist von dem physischen Leib oder höchstens noch von dem Ätherleib, der kann überhaupt nicht in eine geistige

Welt hineinkommen, der kann den Menschen nur zu einem Kopfwesen werden lassen. Denn der Kopf ist imstande – geradeso wie er selbst nicht geht, er läßt sich ja tragen –, sich passiv hinzugeben an das, was filmartig in der Welt abrollt.

Mittätig sein in der Welt, um zum Spirituellen zu kommen, muß der ganze Mensch. Das ist es, was aus allen einzelnen Betrachtungen immer wieder und wiederum hervorgeht, und was man eigentlich heute scharf ins Seelenauge fassen muß. Davon werde ich dann am nächsten Freitag weitersprechen.

DRITTER VORTRAG

Dornach, 16. März 1923

In der letzten Zeit hatte ich wiederholt darauf aufmerksam zu machen, daß man ebensogut eine Lebensbeschreibung des Menschen geben könnte für die Zeit, die er immer zwischen dem Einschlafen und Aufwachen zubringt, wie man eine solche gibt für die Zeit zwischen dem Aufwachen und Einschlafen. Alles, was der Mensch erlebt zwischen dem Aufwachen und Einschlafen, erlebt er durch seinen physischen und ätherischen Leib. Dadurch, daß er in dem physischen und ätherischen Leib entsprechend ausgebildete Sinnesorgane besitzt, ist es ja so, daß ihm diese Welt bewußt wird, die als seine Umgebung mit dem physischen und Ätherleib verbunden ist, sozusagen eines mit ihm ist. Weil er in seinem gegenwärtigen Entwickelungszustand in seinem Ich und astralischen Leib nicht in ähnlicher Weise geistseelische Organe ausgebildet hat, die gewissermaßen – wenn ich den paradoxen Ausdruck gebrauchen darf – übersinnliche Sinnesorgane wären, kann er das, was er zwischen dem Einschlafen und Aufwachen erlebt, nicht zu seinem Bewußtsein bringen. So daß also nur ein geistiges Anschauen dasjenige überblicken könnte, was gewissermaßen die Biographie dieses Ich und astralischen Leibes enthalten würde, parallel der Biographie, die mit Hilfe des physischen und ätherischen Leibes zustande kommt.

Nun, wenn man von den Erlebnissen des Menschen in der Zeit zwischen dem Aufwachen und Einschlafen spricht, so gehört ja notwendig zu diesen Erlebnissen dasjenige, was mit ihm zusammen, von ihm erlebt und durch ihn bewirkt, in seiner physisch-ätherischen Umgebung vorgeht. Man muß deshalb sprechen von einer physisch-ätherischen Umgebung, einer physisch-ätherischen Welt, in welcher der Mensch zwischen dem Aufwachen und Einschlafen ist. Ebenso ist er aber in einer Welt zwischen dem Einschlafen und Aufwachen, nur ist das eine Welt, die ganz anders geartet ist als die physisch-ätherische Welt. Und es besteht die Möglichkeit für das übersinnliche Anschauen, von dieser Welt zu sprechen, die geradeso unsere Umgebung ist, wenn wir schlafen, wie die physische Welt, wenn wir wachen, unsere Umgebung ist.

Und wir wollen in diesen Vorträgen einiges vor unsere Seele treten lassen, was diese Welt beleuchten kann. Dazu sind ja die Elemente gegeben in dem, was Sie zum Beispiel beschrieben finden in meiner «Geheimwissenschaft im Umriß». Da finden Sie in einer gewissen Weise, wenn auch skizzenhaft beschrieben, wie sich die Reiche der physisch-ätherischen Welt, das mineralische, pflanzliche, tierische, menschliche Reich, hinauf fortsetzen in die Reiche der höheren Hierarchien. Wir wollen uns das heute einmal ein wenig vorhalten.

Wir wollen uns sagen: Wenn wir unsere Augen oder die andern Sinnesorgane im wachenden Zustand hinauswenden in unsere physisch-ätherische Umgebung, dann nehmen wir die drei Reiche der Natur
Tafel 2 beziehungsweise vier Reiche wahr: das mineralische, das pflanzliche, das tierische und das menschliche Reich. Gehen wir nun weiter hinauf in diejenigen Regionen, die nur dem Übersinnlichen zugänglich sind, so haben wir gewissermaßen die Fortsetzung dieser Reiche: das Reich der Angeloi, der Archangeloi, der Archai, der Exusiai, Dynamis, Kyriotetes und so weiter (siehe Schema, Seite 47).

Wir haben also zwei Welten, die sich gegenseitig durchdringen: die physisch-ätherische Welt und die übersinnliche Welt. Und wir wissen schon, daß wir zwischen dem Einschlafen und Aufwachen in dieser übersinnlichen Welt wirklich drinnen sind und mit ihr Erlebnisse haben, trotzdem diese Erlebnisse wegen der fehlenden geistseelischen Organe eben zu dem gewöhnlichen Bewußtsein nicht kommen.

Nun handelt es sich darum, daß genauer begriffen werden kann, was der Mensch in dieser übersinnlichen Welt erlebt, wenn man, ich möchte sagen, eine Art Beschreibung von dieser übersinnlichen Welt in derselben Weise gibt, wie man sie durch Naturwissenschaft, durch Geschichte, von der physisch-ätherischen Welt gibt. Man muß für eine solche, sagen wir, übersinnliche Wissenschaft des tatsächlichen Verlaufes in der Welt, in der wir als schlafende Menschen sind, natürlich zunächst einzelnes herausgreifen. Und ich werde heute zunächst ein Ereignis herausgreifen, das von einer tiefgehenden Bedeutung für die ganze Entwickelung der Menschheit in den letzten Jahrtausenden ist.

Von einer Seite nämlich, von der Seite der physisch-ätherischen Welt und ihrer Geschichte, haben wir dieses Ereignis schon des öfteren besprochen. Wir wollen es heute gewissermaßen von der andern Seite besprechen, von der Seite, die sich zeigt, wenn man den Gesichtspunkt nicht in der physisch-ätherischen Welt, sondern in der übersinnlichen Welt nimmt. Das Ereignis, das ich meine und das ich von dem einen Gesichtspunkte aus öfter geschildert habe, ist dasjenige, das in das 4. nachchristliche Jahrhundert hineinfällt.

Ich habe ja beschrieben, wie die ganze Verfassung der Menschenseele des Abendlandes eine andere wird in diesem 4. nachchristlichen Jahrhundert, wie das tatsächlich so ist, daß man ohne ein geisteswissenschaftliches Eingehen auf die Sache überhaupt nicht mehr versteht, wie die Menschen in der Zeit gefühlt und empfunden haben, die dem 4. nachchristlichen Jahrhundert vorangegangen ist. Aber wir haben ja dieses Empfinden, diese Seelenverfassung des öfteren geschildert. Wir haben mit andern Worten geschildert, was die Menschen im Laufe des Zeitraumes erlebt haben, in den dieses 4. nachchristliche Jahrhundert hineinfällt. Wir wollen nun heute ein wenig Rücksicht darauf nehmen, was in jener Zeit diejenigen Wesenheiten erlebt haben, die diesem übersinnlichen Reiche angehören. Wir wollen gewissermaßen uns auf die andere Seite des Lebens wenden, wir wollen den Gesichtspunkt im Übersinnlichen nehmen.

Es ist ja ein Vorurteil der gegenwärtigen sogenannt aufgeklärten Menschheit, daß ihre Gedanken nur in den Köpfen drinnenstecken. Wir würden nichts von den Dingen durch Gedanken erfahren, wenn diese Gedanken nur in den Köpfen der Menschen wären. Derjenige, der da glaubt, daß die Gedanken nur in den Köpfen der Menschen seien, der unterliegt, so paradox das klingt, demselben Vorurteil, wie einer, der glaubt, daß der Schluck Wasser, mit dem er sich den Durst löscht, auf seiner Zunge entstanden ist und nicht aus dem Wasserkrug in seinen Mund hineingeflossen ist. Es ist im Grunde genommen ebenso lächerlich zu behaupten, die Gedanken entstehen im Menschenkopfe, wie es lächerlich ist zu sagen – wenn ich meinen Durst mit einem Trunk Wasser lösche, den ich im Krug habe –, das Wasser sei in meinem Mund entstanden. Die Gedanken sind eben durchaus in der Welt ausgebreitet. Die Gedanken sind die in den Dingen waltenden Kräfte. Und unser Denkorgan ist eben nur etwas, was aus dem kosmischen Reservoir der

Gedankenkräfte schöpft, was die Gedanken in sich hereinnimmt. Wir müssen also von Gedanken nicht so sprechen, als ob sie etwas wären, das nur dem Menschen angehört. Wir müssen von Gedanken so sprechen, daß wir uns bewußt sind: Gedanken sind die weltbeherrschenden Kräfte, die überall im Kosmos ausgebreitet sind. Aber diese Gedanken fliegen deshalb doch nicht frei herum, sondern sie sind immer getragen, bearbeitet von irgendwelchen Wesenheiten. Und, was das Wichtigste ist, sie sind nicht immer von denselben, nicht immer von den gleichen Wesenheiten getragen.

Wenn wir uns an die übersinnliche Welt wenden, dann finden wir durch die übersinnliche Forschung, daß die Gedanken, durch die sich die Menschen die Welt begreiflich machen, draußen im Kosmos getragen wurden – ich könnte auch sagen: ausgeströmt wurden; irdische Ausdrücke passen wenig für diese erhabenen Vorgänge und Wesenhaftigkeiten –, daß also diese Gedanken getragen, ausgeströmt waren bis ins 4. nachchristliche Jahrhundert von den Wesen jener Hierarchien, die wir als Exusiai oder Formwesen bezeichnen (siehe Schema Seite 47).

Wenn ein alter Grieche aus der Wissenschaft seiner Mysterien heraus sich hat Rechenschaft geben wollen darüber, woher er eigentlich seine Gedanken hat, so hat er das in der Art tun müssen, daß er sich sagte: Ich wende meinen geistigen Blick hinauf zu jenen Wesen, von denen mir geoffenbart wird durch die Mysterienwissenschaft als den Wesen der Form, als den Formkräften, Formwesen. Das sind die Träger der kosmischen Intelligenz, das sind die Träger der kosmischen Gedanken. Sie lassen die Gedanken durch die Weltenereignisse strömen, und sie geben diese menschlichen Gedanken an die Seele ab, die sich diese Gedanken erlebend vergegenwärtigt. – Wer etwa durch eine besondere Initiation sich in jenen alten Zeiten des griechischen Lebens in die übersinnliche Welt eingelebt hatte und bis zum Erleben dieser Formwesen gekommen war, der schaute diese Formwesen, und er mußte, um sich von ihnen das rechte Bild, die richtige Imagination zu machen, ihnen etwa als ein Attribut beigeben die durch die Welt strömenden, leuchtenden Gedanken. Er sah als alter Grieche diese Formwesen etwa wie von ihren Gliedern ausgehen lassend leuchtende Gedankenkräfte,

Tafel 2

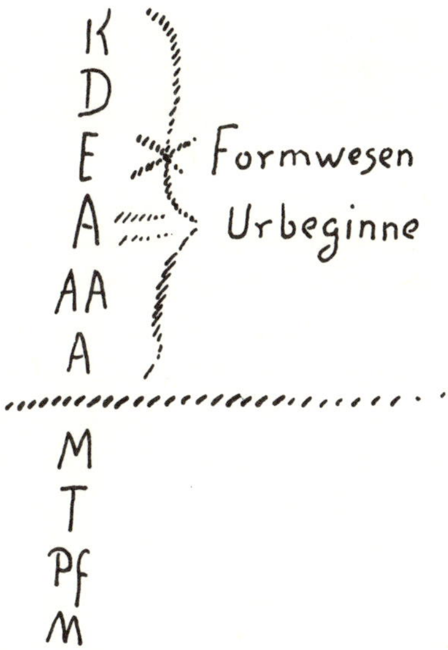

die dann in die Weltenprozesse hineingehen und da als die weltschöpferischen Intelligenzmächte weiter wirken. Er sagte etwa: Die Kräfte der Form, die Exusiai, sie haben im Weltenall, im Kosmos, den Beruf, die Gedanken durch die Weltenvorgänge zu ergießen. – Und so wie die sinnliche Wissenschaft das Tun der Menschen beschreibt, indem sie dies oder jenes notifiziert, was die Menschen einzeln oder miteinander tun, so müßte eine übersinnliche Wissenschaft beschreiben, wenn sie die Tätigkeit der Formkräfte für das charakterisierte Zeitalter ins Auge faßt, wie sich diese übersinnlichen Wesen gegenseitig die Gedankenkräfte zuströmen lassen, wie sie voneinander sie empfangen, und wie in diesem Zuströmenlassen und in diesem Empfangen eingegliedert sind jene Weltenvorgänge, die dann nach außen sich dem Menschen als die Naturerscheinungen darstellen.

Nun kam in der Entwickelung der Menschheit eben jenes 4. nachchristliche Jahrhundert heran. Und das brachte für diese übersinnliche Welt das außerordentlich bedeutsame Ereignis, daß die Exusiai – die Kräfte, die Wesenheiten der Form – ihre Gedankenkräfte abgaben an die Archai, an die Urkräfte oder Urbeginne (siehe Schema).

Es traten damals die Urbeginne, die Archai, in den Beruf ein, den früher die Exusiai ausgeübt hatten. Solche Vorgänge gibt es eben in der übersinnlichen Welt. Das war ein ganz hervorragend wichtiges kosmisches Ereignis. Die Exusiai, die Formwesen, behielten sich von jener Zeit an lediglich die Aufgabe zurück, die äußeren Sinneswahrnehmungen zu regeln, also mit besonderen kosmischen Kräften alles das zu beherrschen, was in der Welt der Farben, der Töne und so weiter vorhanden ist. So daß derjenige, der in diese Dinge hineinschaut, für das Zeitalter, das nun nach dem 4. nachchristlichen Jahrhundert heraufkam, sagen muß: Er sieht, wie die weltbeherrschenden Gedanken übergeben werden an die Archai, an die Urbeginne, und wie das, was Augen sehen, Ohren hören, in seiner mannigfaltigen Weltgestaltung, in seiner ständigen Metamorphosierung das Gewebe ist, das da weben die Exusiai, die früher den Menschen die Gedanken gegeben haben, die also jetzt ihnen die Sinnesempfindungen geben, während ihnen die Urbeginne jetzt die Gedanken geben.

Und diese Tatsache der übersinnlichen Welt spiegelte sich hier unten in der sinnlichen Welt so, daß eben in jener älteren Zeit, in welcher zum Beispiel die Griechen lebten, die Gedanken objektiv in den Dingen wahrgenommen worden sind. So wie wir heute glauben, das Rot oder das Blau an den Dingen wahrzunehmen, so fand der Grieche einen Gedanken nicht bloß mit seinem Kopfe erfaßt, sondern hervorstrahlend, herausstrahlend aus den Dingen, wie eben das Rot oder das Blau herausstrahlt.

Das habe ich ja in meinem Buche «Die Rätsel der Philosophie» beschrieben, was diese andere, ich möchte sagen, die menschliche Seite der Sache ist. Wie sich dieser wichtige Vorgang der übersinnlichen Welt spiegelt in der physisch-sinnlichen Welt, das finden Sie durchaus in meinem Buche «Die Rätsel der Philosophie» beschrieben. Da gebraucht man dann philosophische Ausdrücke, weil die Philosophensprache eine Sprache für die materielle Welt ist, während man, wenn man den Gesichtspunkt in der übersinnlichen Welt bespricht, eben auch von der übersinnlichen Tatsache zu sprechen hat, daß der Beruf der Exusiai übergegangen ist an die Archai.

Solche Dinge bereiten sich in der Menschheit durch ganze Epochen hindurch vor. Solche Dinge sind mit gründlichen Umwandlungen der Menschenseelen verknüpft. Ich sage, daß diese übersinnliche Tatsache sich zugetragen hat im 4. nachchristlichen Jahrhundert; doch ist das ja nur annähernd gesagt, denn das ist sozusagen nur ein mittlerer Zeitpunkt, während diese Übergabe eben lange Zeiten hindurch gespielt hat. Sie hat sich schon in den vorchristlichen Zeiten vorbereitet und war erst vollendet im 12., 13., 14. nachchristlichen Jahrhundert. Das 4. Jahrhundert ist sozusagen nur der mittlere Zeitpunkt, den man angegeben hat, um auf etwas Bestimmtes im geschichtlichen Werden der Menschheit hinzudeuten.

Nun, damit sind wir gleichzeitig in jenem Zeitpunkt der Menschheitsentwickelung, in dem sich für den Menschen überhaupt der Ausblick in die übersinnliche Welt völlig zu verdunkeln beginnt. Es hört das Bewußtsein der Seele auf, übersinnlich zu schauen, wahrzunehmen, indem sich diese Menschenseele hingibt der Welt. Es wird das vielleicht noch intensiver vor Ihre Seele treten, wenn wir es von einer andern Seite her beleuchten.

Worin besteht denn eigentlich das, worauf ich so intensiv hinweisen will? Es besteht darin, daß die Menschen immer mehr und mehr sich in ihrer Individualität fühlen. Indem die Gedankenwelt übergeht von den Formwesen zu den Urbeginnen, von den Exusiai zu den Archai, empfindet der Mensch die Gedanken seiner eigenen Wesenheit mehr, weil die Archai um eine Stufe näher dem Menschen leben als die Exusiai. Und wenn der Mensch beginnt, übersinnlich zu schauen, dann hat er den folgenden Eindruck. Dann sagt er: Nun ja, da ist diese Welt, die ich als die sinnliche überschaue. Sagen wir, das Gelbe (siehe Schema Seite 50) ist die meinen Sinnen zugewendete Seite, das Rote ist die Tafel 3
schon verborgene, von den Sinnen abgewendete Seite.

Das gewöhnliche Bewußtsein weiß von den hier in Betracht kommenden Verhältnissen überhaupt nichts. Aber das übersinnliche Bewußtsein hat durchaus die Empfindung: Wenn hier der Mensch ist (siehe Schema S. 50), dann sind zwischen dem Menschen und den Sinneseindrücken Angeloi, Archangeloi und Archai; die sind eigentlich diesseits der sinnlichen Welt. Man sieht sie nur nicht mit den gewöhnlichen Augen, aber sie liegen eigentlich zwischen dem Menschen und dem

Tafel 3

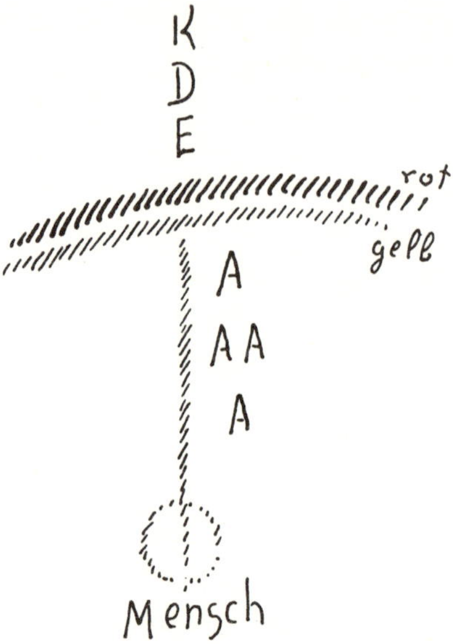

ganzen Sinnesteppich. Und die Exusiai, Dynamis, Kyriotetes sind eigentlich erst jenseits; die werden zugedeckt durch den Sinnesteppich. So daß also der Mensch, der ein übersinnliches Bewußtsein hat, die Gedanken, nachdem sie an die Archai übergeben sind, als an sich herankommend empfindet. Er empfindet sie so, als ob sie jetzt mehr in seiner Welt lägen, während sie früher hinter den Farben, dem Roten, dem Blauen, das an den Dingen ist, drinnen waren, gewissermaßen durch das Rote, das Blaue, oder auch durch das Cis oder durch das G herankamen. Er fühlt sich seit dieser Übergabe in einem freieren Verkehr mit der Gedankenwelt. Das ruft ja auch die Illusion hervor, als ob der Mensch die Gedanken selber machte.

Der Mensch hat sich aber auch erst im Laufe der Zeit dazu entwickelt, gewissermaßen in sich hereinzunehmen, was sich ihm früher als objektive äußere Welt darbot. Das ist erst nach und nach in der Menschheitsentwickelung so gekommen. Wenn wir jetzt einmal recht weit zurückgehen in der Menschheitsentwickelung, wenn wir hinter die atlantische Katastrophe in die alte atlantische Zeit zurückgehen, da bitte ich Sie, sich das Menschengebilde in der atlantischen Zeit so vorzustellen, wie ich es in meiner «Geheimwissenschaft» oder in den Abhandlungen «Aus der Akasha-Chronik» beschrieben habe. Diese Menschen waren ja, wie Sie wissen, ganz anders gestaltet. Ihre Leibessubstanz war von größerer Feinheit, als sie dann später, in der nachatlantischen Zeit, geworden ist. Dadurch war aber auch das Seelenhafte – es ist ja das alles in den Büchern beschrieben – in einem ganz andern Verhältnis zur Welt, und diese Atlantier haben die Welt ganz anders erlebt. Ich will nur eines angeben von dieser besonderen Art des Erlebens. Diese Atlantier konnten zum Beispiel keine Terz erleben, nicht einmal eine Quinte. Sie konnten eigentlich das musikalische Erleben erst beginnen, indem sie die Septime empfanden. Und dann haben sie weitergehende Intervalle empfunden, deren kleinstes eben die Septime war. Terzen, Quinten, haben sie überhört; die gab es nicht für sie.

Dadurch aber war das Erleben der Tongebilde überhaupt ein ganz anderes, die Seele hatte ein ganz anderes Verhältnis zu den Tongebilden. Wenn man ohne die Zwischenintervalle musikalisch eben nur in Septimen lebt, und in so natürlicher Weise in Septimen lebt, wie die Atlantier in Septimen gelebt haben, dann nimmt man überhaupt das Musikalische nicht als etwas wahr, was an einem oder in einem als Mensch vorgeht, sondern man ist in dem Augenblicke, in dem man überhaupt musikalisch wahrnimmt, aus seinem Leibe draußen, man lebt im Kosmos draußen. Und so war es bei den Atlantiern. Bei den Atlantiern war es so, daß ihnen das musikalische Erlebnis zusammenfiel mit einem unmittelbar religiösen Erlebnis. Ihr Septimenerlebnis gab sich ihnen so, daß sie nicht etwa sagen konnten, sie haben selbst etwas zu tun mit der Entstehung der Septimenintervalle, sondern sie empfanden, wie Götter, die durch die Welt wallten und webten, sich in Septimen offenbarten. Sie hätten gar keinen Sinn damit verknüpfen können: Ich mache Musik. – Sie konnten nur einen Sinn damit verbinden, wenn sie sagten: Ich lebe in der von den Göttern gemachten Musik.

Nun, in einer wesentlichen Abschwächung war dieses musikalische Erleben auch noch in der nachatlantischen Zeit vorhanden, in derjenigen Zeit, in der im wesentlichen in Quintenintervallen gelebt wurde. Sie dürfen das nicht vergleichen mit der heutigen Empfindung der

Quinten durch den Menschen. Heute empfindet der Mensch die Quinte etwa so, daß sie ihm den Eindruck eines nicht erfüllten Äußeren gibt. Sie hat für ihn etwas Leeres, im besten Sinne des Wortes, aber etwas Leeres. Sie ist leer geworden, weil sich die Götter von den Menschen zurückgezogen haben.

Auch noch in der nachatlantischen Zeit erlebte der Mensch bei seinen Quintenintervallen, daß in diesen Quinten eigentlich die Götter lebten. Und erst als später innerhalb des Musikalischen die Terz auftrat, die große und die kleine Terz, da war es so, daß nun das Musikalische gewissermaßen untertauchte in das menschliche Gemüt, daß der Mensch mit dem musikalischen Erleben nicht mehr entrückt war. Im richtigen Quintenzeitalter war der Mensch mit dem musikalischen Leben durchaus noch entrückt. Im Terzenzeitalter, das, wie Sie wissen, erst verhältnismäßig spät heraufgezogen ist, ist der Mensch mit dem musikalischen Erleben in sich selbst darinnen. Er nimmt das Musikalische an seine Leiblichkeit heran. Er verwebt das Musikalische mit seiner Leiblichkeit. Daher tritt mit dem Terzenerlebnis der Unterschied zwischen Dur und Moll auf, und man erlebt auf der einen Seite das, was man eben beim Dur erleben kann, auf der andern Seite dasjenige, was mit dem Moll erlebt werden kann. An die menschlichen gehobenen, freudigen, an die deprimierten, schmerzvollen, leidvollen Stimmungen, die der Mensch als der Träger seines physischen und ätherischen Leibes erlebt, knüpft sich das musikalische Erleben mit der Entstehung der Terz, mit dem Hereinkommen von Dur und Moll in das Musikalische. Der Mensch nimmt gewissermaßen sein Welterleben aus dem Kosmos heraus, verbindet sich selber mit seinem Welterleben. In älteren Zeiten hatte er sein wichtigstes Welterleben so – und das war durchaus noch der Fall in der Quintenzeit, aber in einem höheren Maße in der Septimenzeit, wenn ich mich dieser Ausdrücke bedienen darf –, daß es ihn unmittelbar entrückte, daß er sagen konnte: Die Welt der Töne zieht mein Ich und meinen astralischen Leib aus meinem physischen und Ätherleib unmittelbar heraus. Ich verwebe mein irdisches Dasein mit der göttlich-geistigen Welt, und es ertönen die Tongebilde als etwas, auf dessen Flügeln die Götter durch die Welt wallen, deren Wallen ich miterlebe, indem ich die Töne wahrnehme.

Sie sehen also auf diesem besonderen Gebiete, wie gewissermaßen das kosmische Erleben an den Menschen herankommt, wie der Kosmos in den Menschen hineindringt, wie wir gewissermaßen, wenn wir in alte Zeiten zurückgehen, das wichtigste Menschenerleben im Übersinnlichen suchen müssen, und wie dann die Zeit heraufkommt, wo der Mensch als sinnlich-irdische Erscheinung, ich möchte sagen, mitgenommen werden muß, wenn die wichtigsten Weltereignisse beschrieben werden.

Das geschieht in jenem Zeitalter, das eintritt, nachdem die Gedanken von den Formwesen an die Urbeginne abgegeben sind. Das drückt sich auch dadurch aus, daß das alte Quintenzeitalter – das schon früher war als jene Übergabe – übergeht in das Terzenzeitalter, in das Erleben von Dur und Moll.

Nun ist es besonders interessant, wenn gerade mit diesem Erleben in eine noch ältere Zeit als die atlantische zurückgegangen wird, also in eine Zeit der menschlichen Erdenentwickelung, die in grauester, fernster Vergangenheit für die Rückschau verschwimmt, deren Anschauung aber hervorgeholt werden kann durch das übersinnliche Schauen. Da kommen wir sogar zu einem Zeitalter – Sie finden es in meiner «Geheimwissenschaft» als das lemurische Zeitalter beschrieben –, wo der Mensch überhaupt das Musikalische nicht mehr so wahrnehmen kann, daß ihm innerhalb einer Oktave ein Intervall bewußt werden kann, sondern da kommen wir in eine Zeit, in welcher der Mensch ein Intervall nur wahrnimmt, indem das Intervall die Oktave übergreift, also etwa so:

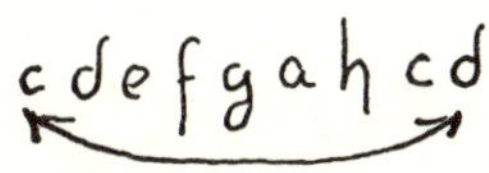

Tafel 3

so daß der Mensch nur dieses Intervall c d wahrnimmt, das heißt das d der nächsten Oktave.

Im lemurischen Zeitalter haben wir also durchaus ein musikalisches Erleben, das sich gar nicht abspielen kann im Anhören eines Intervalls innerhalb einer Oktave, sondern da geht das Intervall über die Oktave hinaus, bis zum ersten Ton der folgenden Oktave, und dann geht es bis zum folgenden Ton der zweitnächsten Oktave. Und da erlebt der Mensch etwas, was schwer zu benennen ist; aber man kann sich vielleicht eine Vorstellung davon machen, wenn ich sage: Es erlebt der Mensch die Sekund der nächsten Oktave und die Terz der zweitnächsten Oktave. Er erlebt eine Art objektiver Terz, und da auch wiederum die zwei Terzen, nämlich die große und die kleine Terz. Nur daß die Terz – dasjenige, was er da erlebt – natürlich in unserem Sinne keine Terz ist, denn nur, wenn ich die Prim in derselben Oktave annehme, ist der Ton, den ich in bezug auf die zweitnächste Prim meine, die Terz. Aber indem der Mensch unmittelbar die Intervalle erleben konnte, die für uns heute so sind, daß wir sagen: Prim in einer Oktave, Sekund in der nächsten Oktave, Terz in der dritten Oktave –, nahm dieser ältere Mensch dasjenige wahr, was eine Art objektiven Durs und objektiven Molls ist, ein nicht mehr in sich erlebtes Dur und Moll, sondern ein Dur und Moll, das als der Ausdruck des seelischen Erlebens der Götter empfunden wurde. Die Menschen des lemurischen Zeitalters erlebten, man kann jetzt nicht sagen Freude und Leid, Erhebung und Deprimierung, sondern man muß sagen: Die Menschen erlebten durch dieses besondere musikalische Empfinden in der lemurischen Zeit, indem sie ganz außer sich entrückt waren in dem Wahrnehmen dieser Intervalle, die kosmischen Jubelklänge der Götter und die kosmischen Klagen der Götter. – Und wir können zurückschauen auf ein irdisches, von den Menschen wirklich erlebtes Zeitalter, in dem sozusagen hinausprojiziert war in das Weltenall dasjenige, was der Mensch heute erlebt bei Dur und Moll. Was er heute innerlich erlebt, es war hinausprojiziert in das Weltenall. Was ihn heute durchwellt in seinem Gemüte, in seiner Empfindung, das vernahm er in Entrückung von seinem physischen Leibe als Erlebnis der Götter draußen. Was wir heute als innerliches Durerlebnis charakterisieren müßten, nahm er in der Entrückung von seinem Leibe draußen als den kosmischen Jubelgesang, als die kosmische Jubelmusik der Götter wie den Ausdruck der Freude über ihr Weltschaffen wahr. Und was wir heute als innerliche Mollerlebnisse haben, nahm einstmals der Mensch in der lemurischen Zeit als die ungeheure Klage der Götter wahr über die Möglichkeit, daß die Menschen verfallen können in das, was dann in der biblischen Geschichte als der Sündenfall, als der Abfall von den göttlich-geistigen Mächten, von den guten Mächten, geschildert worden ist.

Das ist etwas, was uns herübertönt aus jener wunderbaren, von selbst in das Künstlerische übergehenden Erkenntnis der alten Mysterien, daß wir vernehmen, wie nicht nur etwa abstrakt geschildert wird, daß einstmals die Menschen durch die luziferische und ahrimanische Verführung und Versuchung gegangen sind und dies oder jenes erfahren haben, sondern daß die Menschen gehört haben, wie in uralten Erdenzeiten die Götter jubelnd musiziert haben im Kosmos aus der Freude ihres Weltenschaffens heraus, und wie sie gleichsam prophetisch schon hingeschaut haben auf den Abfall der Menschen von den göttlich-geistigen Mächten, und dieses Hinschauen in der kosmischen Klage zum Ausdrucke brachten.

Dieses künstlerische Erfassen von etwas, was später immer intellektualistischere Formen angenommen hat, das ist etwas, was aus den alten Mysterien heraustönt, und aus dem wir die so tiefe Überzeugung gewinnen können, daß es *eine* Quelle ist, aus der Erkenntnis, Kunst, Religion geflossen sind. Und daraus muß uns die Überzeugung werden, daß wir wieder zurück müssen zu jener menschlichen Seelenverfassung, die wiederum entstehen wird, wenn die Seele erkennt, indem sie religiös durchwellt, künstlerisch durchströmt wird; zu jener Seelenverfassung, die wiederum tief lebensvoll das versteht, was schon *Goethe* gemeint hat mit dem Worte: Das Schöne ist eine Manifestation geheimer Naturgesetze, die ohne dessen Erscheinung ewig verborgen geblieben wären. – Das Geheimnis der Menschheitsentwickelung innerhalb des Erdenseins, innerhalb des Erdenwerdens, das verrät uns selbst diese innerliche Einheit alles dessen, was der Mensch erkennend religiös und künstlerisch mit der Welt zusammen durchmachen muß, damit er mit dieser Welt zusammen seine Gesamtentfaltung erleben kann.

Und es ist schon so, daß jetzt die Zeit gekommen ist, wo diese Dinge den Menschen wiederum zum Bewußtsein kommen müssen, weil sonst einfach die menschliche Natur in ihrer Seelenhaftigkeit verfallen müßte. Der Mensch müßte heute und in die nächste Zukunft hinein durch die intellektualistisch werdende einseitige Erkenntnis seelisch vertrocknen, er müßte durch die einseitig gewordene Kunst seelisch stumpf werden und durch die einseitig gewordene Religion überhaupt seelenlos werden, wenn er nicht den Weg finden könnte, der ihn zur inneren Harmonie und Einheit dieser drei führen könnte, wenn er nicht den Weg finden könnte, auf eine bewußtere Art, als es einmal der Fall war, aus sich herauszukommen und das Übersinnliche wiederum mit dem Sinnlichen zusammen zu schauen und zusammen zu hören.

Gerade wenn man mit Geisteswissenschaft hinblickt auf die älteren, tieferen Persönlichkeiten der werdenden griechischen Kultur, auf jene Persönlichkeiten, als deren Nachkommen sich dann ein Äschylos, ein Heraklit entwickelt haben, dann findet man, daß diese Persönlichkeiten, insofern sie in die Mysterien eingeweiht waren, alle ein gleiches Gefühl hatten aus ihrer Erkenntnis heraus und aus ihren künstlerischen Schöpferkräften, die sie eben noch so fühlten, wie ja auch Homer – «Singe, o Muse, vom Zorn mir des Peleiden Achilleus» – nicht als etwas persönlich in ihnen Waltendes, sondern als etwas, was sie in ihrem religiösen Empfinden in Gemeinsamkeit mit der geistigen Welt verrichteten, und wodurch sie sich sagten: Die Menschen haben in uralten Zeiten sich eigentlich als Menschen erlebt, indem sie durch die wichtigsten menschlichen Betätigungen – wie ich es Ihnen für das Musikalische gezeigt habe, aber auch bei dem Gedankenfassen war es so – aus sich herausgingen und mit den Göttern zusammen erlebten. Das, was sie da erlebten, das haben die Menschen verloren.

Diese Stimmung des Verlustes eines uralten Erkenntnis- und künstlerischen und religiösen Besitzes der Menschheit, die lastete durchaus auf den tieferen griechischen Seelen.

Über den neueren Menschen muß etwas anderes kommen. Über den neueren Menschen muß kommen, daß er durch Entfaltung der rechten Kräfte seines seelischen Erlebens dahin gelangt, das, was einstmals verloren worden ist, wieder zu finden. Ich möchte sagen: Der Mensch muß ein Bewußtsein davon entwickeln – wir leben ja im Bewußtseinszeitalter –, wie das, was nun innerlich geworden ist, wiederum den Weg nach außen zu dem Göttlich-Geistigen findet. Und solches wird sich vollziehen können – ich habe es angedeutet auf eine Frage hin, die im Goetheanum beim ersten Hochschulkursus gestellt worden ist –, solches wird sich auf *einem* Gebiete zum Beispiel ereignen, wenn der innerliche Reichtum der Empfindungen, der in der Melodie erlebt wird, einmal auf den einzelnen Ton übergehen wird, wenn der Mensch das Geheimnis des einzelnen Tones erfahren wird, wenn, mit andern Worten, der Mensch nicht nur Intervalle erleben wird, sondern wirklich auch mit innerlichem Reichtum, mit innerlicher Mannigfaltigkeit des Erlebens den einzelnen Ton wie eine Melodie wird erleben können. Davon ist heute noch kaum eine Vorstellung vorhanden.

Aber Sie sehen, wie die Dinge fortgehen: von der Septime zur Quinte, von der Quinte zur Terz, von der Terz zur Prim herunter, bis zum einzelnen Ton, und dann weiter fort. So daß dasjenige, was einstmals ein Verlieren des Göttlichen war, sich wandeln muß für die Menschheitsentwickelung, wenn die Menschheit auf Erden sich weiterbilden und nicht untergehen will, sich wandeln muß für die Erdenmenschheit in ein Wiederfinden des Göttlichen.

Wir verstehen die Vergangenheit nur richtig, wenn wir ihr das rechte Ebenbild für unsere Entwickelung in die Zukunft hinein entgegenzustellen vermögen, wenn wir ganz tief, erschütternd tief das empfinden können, was noch in uralter Griechenzeit ein tieferer Mensch empfunden hat: Ich habe die Gegenwart der Götter verloren –, und wenn wir dem entgegensetzen können wiederum aus erschütterter, aber intensiv und innigst strebender Seele: Wir wollen den Geist, der im Keim in uns ist, zum Blühen und Fruchten bringen, damit wir die Götter wiederfinden können.

VIERTER VORTRAG

Dornach, 17. März 1923

Gestern versuchte ich, an einem bedeutsamen Punkte der weltgeschichtlichen Entwickelung, den wir schon seit einiger Zeit als einen solchen kennengelernt haben, an dem Punkte des 4. nachchristlichen Jahrhunderts, zu zeigen, wie man diese Menschheitsentwickelung eigentlich erst dann voll verstehen kann, wenn man nicht nur das ins Auge faßt, was sich sozusagen vor den Kulissen der Weltgeschichte abspielt, sondern auch dasjenige, was hinter diesen Kulissen liegt. Und ich sagte Ihnen gestern, daß wir als einen mittleren Zeitpunkt, annähernd im 4. Jahrhundert – denn die Sache dauert viele hundert Jahre lang –, zu verzeichnen haben die Übergabe der kosmischen Gedankenwelt von den Geistern der Form an die sogenannten Archai, Urbeginne oder Urkräfte. Und damit ist in Verknüpfung – weil ja der Mensch in seinen Gedanken von ganz andern geistigen Wesenheiten abhängig wird –, daß er nun zu seinen Gedanken ganz anders steht als vorher.

Sie müssen sich vergegenwärtigen, wie die äußere Weltgeschichte, sowohl das äußere geschichtliche Geschehen wie auch die Geistesgeschichte der Menschheit in diesen Jahrhunderten spielt, und wie in dieses geschichtliche Geschehen einschlägt eben diese übersinnliche Tatsache. Während also früher die Geister der Form – diejenigen Wesenheiten also, welche die Bibel zum Beispiel die Elohim nennt – die Gedanken der Welt verwaltet haben, so daß der Mensch unbewußt sich an diese Geister der Form wenden mußte, wenn er Gedanken über die Dinge fassen wollte, ging das Gedankenleben nun über an die Urkräfte, die dem Menschen viel näherstehen. Ich habe Ihnen dieses Näherstehen gestern dadurch verbildlicht, daß ich folgendes gesagt habe: Wir stellen uns vor, hier sei die Grenze, welche die Sinneswelt darstellt. Also alles, was wir in der Sinneswelt sehen und wahrnehmen, Farben, Töne, Wärmeempfindungen, sei durch diese Linie versinnbildlicht (siehe Zeichnung Seite 59). Was nun hinter den Sinnesempfindungen liegt, das ist das Feld, in dem sich, wie ich gestern gesagt habe, die Geister der Form finden, welche die Bibel die Elohim nennt, dann die

Tafel 4

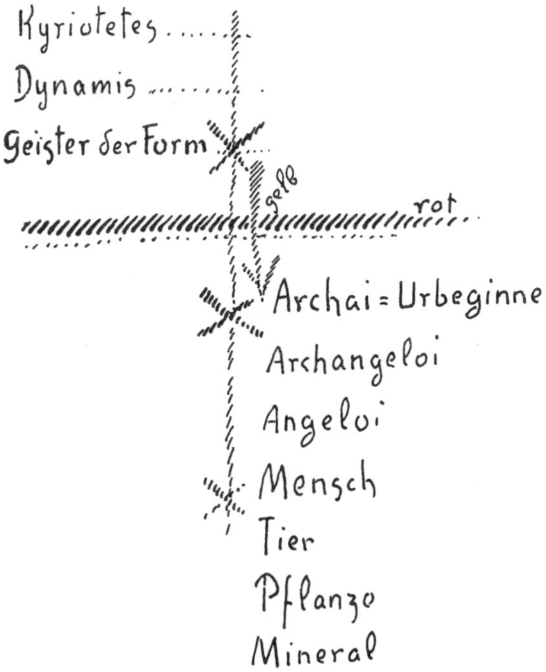

sogenannten Dynamis, höhere Geister, dann die Kyriotetes und so weiter. Das sind also die drei Reiche, welche hinter der Sinneswelt liegen.

Die neuere Physik, wenn sie zur Naturphilosophie wird, phantasiert davon, daß hinter der Sinneswelt die wirbelnden Atome sind. Das ist aber eine phantastische materialistische Vorstellung. In Wahrheit spielen sich dort farbige, tönende Vorgänge ab; sie spielen sich dadurch ab, daß diese Geister der höheren Hierarchien in den Farben, in den Tönen und so weiter da walten.

Vor dem 4. nachchristlichen Jahrhundert walteten nun die Geister der Form nicht nur in den Eindrücken der Sinneswelt, sondern vor allen Dingen auch in den Gedanken. Diese Gedanken sind nun übergegangen an die Archai, an die Urbeginne. Die sind aber dem Menschen näher als die Geister der Form, denn sie sind vor der Sinneswelt. Sie sind zwischen dem Menschen und dem, was der Mensch sinnlich wahrnimmt; nur, weil sie übersinnlicher Natur sind, bemerkt sie der Mensch nicht. Dann kommen die Archangeloi, dann sind die Angeloi da, und dann der Mensch selbst, dann die Tiere, Pflanzen, Mineralien.

So daß also in dieser Zeit, die ich angedeutet habe, hinter den Kulissen der Weltgeschichte diese große, umfassende, gewaltige Tat liegt: daß die Gedanken, die in den Dingen sind, und die der Mensch aus den Dingen heraus schöpft, nicht mehr sozusagen nur Besitz der Elohim, sondern der Besitz der Urbeginne, der Archai sind.

Nun ist es aber in der Entwickelung des Weltenalls so, daß immer mit dem Fortschreiten der geistigen Wesenheiten einzelne geistig-kosmische Wesenheiten zurückbleiben. Also indem die geistigen Wesenheiten im allgemeinen fortschreiten, bleiben gewisse geistige Wesenheiten zurück. Und so sind auch in diesem Zeitraume, also in den ersten christlichen Jahrhunderten, Geister der Form zurückgeblieben.

Was heißt das: damals sind Geister der Form zurückgeblieben? Das heißt, gewisse Geister der Form haben sich nicht dazu entschließen können, die Gedankenwelt an die Urbeginne, an die Archai abzugeben, sie haben sie für sich behalten. Und so haben wir unter den geistigen Wesenheiten, die über dem Menschengeschehen walten, die richtig entwickelten Urkräfte mit dem Besitz der Gedankenwelt, und wir haben zurückgebliebene Geister der Form, zurückgebliebene Elohimwesenheiten, welche nun auch noch die Gedankenwelt verwalten. Dadurch entsteht in der geistigen Strömung, die über der Menschheit waltet, ein Zusammenwirken von Urkräften, von Archai, und von Geistern der Form, von elohistischen Wesenheiten. Die Menschen sind dann dem Folgenden ausgesetzt: Der eine, der durch sein Karma richtig dazu geeignet ist, der empfängt die Impulse seines Denkens durch die Archai. Dadurch wird sein Denken, obwohl es objektiv bleibt, sein persönlicher Besitz. Er arbeitet immer mehr und mehr die Gedanken als seinen persönlichen Besitz aus. Andere kommen nicht dazu, die Gedanken als ihren persönlichen Besitz auszuarbeiten. Sie übernehmen die Gedanken entweder durch die Vererbungsverhältnisse von ihren Eltern und Voreltern, oder sie übernehmen sie als konventionelle Gedanken, die innerhalb ihrer Volksgemeinschaft, Stammesgemeinschaft und so weiter herrschen.

Auf diese übersinnliche Tatsache, die ich Ihnen geschildert habe, ist

zurückzuführen das ganze Ineinanderspielen von einzelnen individuellen Persönlichkeiten, die immer mehr und mehr heraufkommen in diesem Zeitalter des ausgehenden Altertums, des beginnenden Mittelalters, und derjenigen Gedankenströmungen, die ganze Menschengruppen ergreifen. Das aber wiederum gliedert sich auf der Erde, ich möchte sagen, in geographischer Weise. Zunächst werden ergriffen von den Impulsen, die von den Archai, von den Urkräften als Gedankenimpulse ausgehen, gewisse geistige Persönlichkeiten, die im vorderen Asien sind, die der arabischen Kultur angehören. Und insbesondere breitet sich das, was in diesen Gedankenimpulsen liegt, über Afrika aus herüber nach Spanien, nach ganz Westeuropa. Wir finden gewissermaßen diesen großen Gedankenzug durch Afrika gehend, durch Spanien, auch Süditalien ergreifend, nach dem Westen Europas herauf (siehe Zeichnung Seite 67, Pfeil). Wir haben einen großen Anregungsstrom von Gedan- Tafel 4
ken, der auf die charakterisierten Impulse zurückgeht. Von dieser Gedankenströmung ist dasjenige ergriffen, was sich als arabisch-spanische Kultur entwickelt, was dann in der viel späteren Zeit noch großen Einfluß gewinnt auf solche Geister, wie etwa *Spinoza,* was aber auch noch in der Naturwissenschaft weiterlebt, was wir noch beobachten können in den Gedankenimpulsen des *Galilei,* des *Kopernikus* und so weiter. Während in solchen Gedankenströmungen und in dem, was aus diesen Gedankenströmungen Weltgeschichte wird, die Impulse der Archai leben, sehen wir überall sich hineindrängen in das Weltgeschehen auch dasjenige, was mehr unter dem Einflusse der zurückgebliebenen Geister der Form steht, die nun auch ihrerseits die Menschen mit Impulsen durchsetzen. Und wir sehen wiederum einen andern Strom des Gedankenlebens und des Weltgeschehens etwas mehr nördlich von Asien gegen Europa herüber sich bewegen. Dieser Gedankenstrom hat seinen besonderen extremen Ausdruck später erst gefunden, als von Asien herüber sich die Türkenmassen wälzten.

So daß wir das europäische Geschichtsleben von dieser Zeit, vom 4. Jahrhundert an durchsetzt sehen, ich möchte sagen, von einem fortwährenden geistigen Kampfe. Es kämpfen um ihr in dem Weltgeschehen ihnen zugefallenes rechtmäßiges Gut die Archai mit den zurückgebliebenen Exusiai, mit den Geistern der Form. Alles, was da im Mittelalter geschieht in westöstlicher Richtung und in ostwestlicher Richtung, was da an Völkerzügen durcheinander wallt und webt, was sich da gegenseitig bekämpft, von den Hunnenkämpfen bis zu den Türkenkämpfen, von der Völkerwanderung bis zu den Kreuzzügen, wo alles immer eine west-östliche oder ost-westliche Richtung hat, alles das ist das sinnlich-physische, das geschichtliche Abbild eines Geisteskampfes, wie ich ihn eben charakterisiert habe, der sich hinter den Kulissen der Weltgeschichte abspielt. Man begreift eben das geschichtliche Geschehen auf der Erde erst dann in seiner Wirklichkeit, wenn man in ihm ein Abbild sieht von dem, was in der übersinnlich-geistigen Welt zwischen den Wesenheiten der höheren Hierarchien sich abspielt.

Wir können zunächst, wenn wir die eine Seite dieser Tatsache ins Auge fassen, sagen: Wir haben zwei Strömungen. Die eine, welche ich
Tafel 4 Ihnen zunächst hier (siehe Zeichnung Seite 67, gelb) skizziert habe, sie bewirkt die mannigfaltigsten Bewegungen wiederum von Westen nach Osten; die andere Strömung dringt vor, dringt auch wiederum zurück, so daß diese beiden Strömungen immer ineinandergehen. Wir sehen in einem Abbilde das, was da in der geistigen Welt sich vollzieht in jenen Kämpfen, die wir aus der Völkerwanderung kennen, in jenen Kämpfen, in denen alte Kultur zum Teil zerstört wird, in denen aber auch alte Kultur mit menschlicher Individualität durchsetzt wird.

Man kann sich der folgenden Betrachtung hingeben. Man kann sagen: Was wäre aus dem europäischen Zivilisationsleben geworden, wenn nicht, von Asien nach Europa hinüberstürmend und in Europa sich vielfach niederlassend, die verschiedenen Völkerschaften ihre Wanderungen begonnen hätten, und manchmal in wilder Art innerhalb dieser Wanderungen die menschliche Persönlichkeit ihr Individuelles geltend gemacht hätte?

Wir sehen ja innerhalb dieser Völkerwanderung, wie ganze Stämme ergriffen werden von einem Gemeingeist. Aber wenn wir die Geschichte durchgehen: überall zeigt sich uns auch, wie innerhalb dieser einzelnen zusammengehörigen Stämme, die von einem Gemeingeist durchsetzt sind – Ostgoten, Westgoten, Langobarden, Heruler, Franken, Markomannen, und so weiter –, wie innerhalb dieser Stämme einzelne Persönlichkeiten von den individuellen Impulsen ergriffen werden. Man möchte sagen: Überall spielt sich das ab, was auf der einen Seite den fortlaufenden Strom der Impulse der alten, eigentlich nicht mehr berechtigten Geister der Form darstellt, auf der andern Seite das berechtigte Auftreten der Geister der Persönlichkeit, der Urkräfte oder Urbeginne.

Wenn die Geschichte genauer schildern würde, mehr Rücksicht nehmen würde auf das, was sich als geistige Kräfte geltend macht in dem, was zumeist nur als Völkerkampf geschildert wird, dann würde man sehen, wie diese zweifache Artung der Gedankenimpulse innerhalb der Menschheit eigentlich gerade in den Völkerwanderungszeiten das europäische Leben beherrscht.

Man kann, sagte ich, die Betrachtung anstellen: Was wäre die europäische Zivilisation geworden, wenn nicht diese zum Teil barbarischen Völkerschaften von Osten nach Westen sich herübergewälzt und mit der jugendfrischen Persönlichkeit ihrer einzelnen Menschheitsglieder sich hinuntergergossen hätten nach der altgewordenen, griechisch-römischen Zivilisation?

Aber man kann auch auf der andern Seite fragen: Was hätten diese halbbarbarischen Völkerschaften für eine europäische Zivilisation begründen können, wenn in sie nicht eingeflossen wäre, was in der griechisch-römischen Zivilisation war, was durch die Geister der Persönlichkeit, durch die Archai übernommen worden war?

Das ist ja ungeheuer interessant. Wenn man nämlich nach den Griechen, ja noch nach den Römern hinblickt, dann sieht man ganz genau: die bekommen ihre Gedanken, ihre wissenschaftlichen, ihre künstlerischen, ihre politischen, ihre sozialen Gedanken durchaus durch jene Einströmungen, die von den Geistern der Form, von den Exusiai kommen. Man braucht nur einmal nicht mit dem groben Blick, den die heutige Geschichtsschreibung hat, sondern mit einem etwas feineren Sinn auf solche Geister wie Perikles, wie Alkibiades oder wiederum wie Sulla, ja selbst wie Hannibal – obwohl der stark den Typus der Persönlichkeit trägt –, aber auch dann auf Cäsar, auf alle diese Geister hinweisen, so wird man schon finden: in ihnen walten die Gedanken noch wie Weltenmächte, wie etwas Instinktives.

Das kommt eben davon her, daß sie ihre Gedanken von den Geistern der Form haben. Dann tritt eine solche Persönlichkeit auf, welche mittendrinnen steht mit ihrer Seele in dem Kampfe zwischen den neuberechtigten Geistern der Persönlichkeit und den unberechtigt gewordenen Geistern der Form: Diese Persönlichkeit, die mit der Seele hineinverstrickt ist in jenen Kampf, das ist *Augustinus*, der katholische Kirchenvater. Ich habe Ihnen seinen Seelenkampf von den verschiedensten Seiten her geschildert. Wenn man aber diesen Seelenkampf als das irdische Abbild eines kosmisch-übersinnlichen Geschehens ansieht, dann merkt man in diesem Geist, der sich in der Jugend zu dem Manichäertum hinneigt, der dann im strengsten Sinne römisch-katholisch gläubig wird, man sieht in diesem Hin- und Hergerissensein einer Seele das irdische Abbild, den irdischen Abglanz von etwas, was sich kosmisch hinter der Menschheitsentwickelung abspielt. Augustinus neigt zu den Manichäern in der Zeit, als er noch verstrickt ist mit seiner Seele in die Impulse der Geister der Form. Sie bringen ihm alles Gute aus früheren Zeiten in die Seele hinein, doch es paßt nicht mehr für Seelen seiner Zeit. Aber durch das, was er durch die zurückgebliebenen Geister der Form erhalten hat an guten, an vorzüglichen alten Kulturgütern, ist er behindert, mit voller Entfaltung seiner Einzelpersönlichkeit die neue Form der Gedanken zu übernehmen, wie sie übermittelt werden kann durch die nun für die Gedanken berechtigt gewordenen Geister der Persönlichkeit, die Archai. Und er kann das nur übernehmen, indem er sich ganz und gar dem Dogma der Kirche übergibt.

Man kann eine solche Persönlichkeit, wie Augustinus es ist, immer von zwei Seiten her charakterisieren. Man kann sich auf den Gesichtspunkt des Erdendaseins stellen und dann bloß auf die einzelne Persönlichkeit hinschauen und sehen, wie da die Seelenmächte miteinander ringen. Aber man kann auch den Fall von jenseits des Erdendaseins betrachten und darauf Rücksicht nehmen, wie eine solche Persönlichkeit gelenkt und geleitet wird von den göttlich-geistigen Mächten der höheren Hierarchien. Dann lernt man das eine Mal, wenn man den irdischen Standpunkt einnimmt, eben eine menschliche Persönlichkeit kennen, nun, wie sie sich eben darlebt auf der Erde selber. Wenn man den andern Standpunkt, den übersinnlichen Standpunkt einnimmt, lernt man erkennen, in welcher Art solch eine Persönlichkeit ein Sendbote der geistigen Welt ist. Das ist eigentlich der Mensch immer. Der Mensch ist hier auf der Erde ein Erdenwesen und kann in geschlossener Weise als Erdenwesen betrachtet werden. Es behindert die Freiheit dieses seines irdischen Seins gar nicht, daß er zu gleicher Zeit von den Kräften der überirdischen Welt impulsiert wird, nicht gelenkt und geleitet, aber impulsiert wird, und daß er so zu gleicher Zeit ein Sendbote der übersinnlichen Mächte ist.

Und wieder in anderer Form tritt uns entgegen dieses Ineinanderwirken der zurückgebliebenen Geister der Form, die sich vorzugsweise in Asien drüben, ich möchte sagen, ihre Kerntruppen suchen und sie immer gegen Europa schieben, und der berechtigt gewordenen Geister der Persönlichkeit, der Archai, die schon mehr gegen Westen vorgerückt sind und immer wiederum zurückschieben wollen, was von den zurückgebliebenen Geistern der Form kommt.

In späterer Zeit tritt uns dieses west-östliche und ost-westliche Durcheinanderwogen der irdischen Abbilder höherer geistiger Impulse in den Kreuzzügen entgegen. Studieren Sie die Kreuzzüge. Studieren Sie, wie zunächst aus einem gewissen Impuls heraus, der durchaus mit dem Wesen der Geister der Persönlichkeit, der Archai, zusammenhängt, die Kreuzzüge sich entwickeln, wie gewaltige Absichten den Kreuzzügen zugrunde liegen. Studieren Sie dann, wie die Kreuzfahrer immer mehr und mehr Massenurteilen unterliegen, wie die Massenurteile immer suggestiver wirken. Ich möchte sagen: Je weiter die Kreuzfahrer sich von Westen nach Osten bewegen, desto mehr wird der Einzelne eingefangen in die Massenurteile. – Und als dann die Kreuzfahrer hinüberkommen in die Sphäre des asiatischen Lebens, da breiten sich über das, was von einzelnen Individualitäten in einzelne Individualitäten hineingesenkt worden ist, Massenimpulse aus.

Wir sehen, wie die Menschen ihre Persönlichkeit verlieren. Wir sehen, wie die europäischen Kreuzfahrer im Orient in bezug auf ihre Seeleneigenschaften verfallen. Die guten moralischen Impulse, die sie mitgenommen haben, können sie nicht entfalten unter den Massensuggestionen, in die sie hineinfallen. Sie werden moralisch dekadent. Und unter dieser moralischen Dekadenz gutmeinender Menschen, die von Westen nach Osten gezogen sind, gewinnen wiederum an Herrschaft die von Osten nach Westen strebenden Impulse, welche in dem muselmanischen, in dem türkischen Menschen leben.

Und so sehen wir in den Kreuzzügen das zweite weltgeschichtliche Hin- und Herwogen eines Kampfes von Osten nach Westen und von Westen nach Osten, eines Kampfes, der das Abbild ist des andern, des geistigen Kampfes zwischen zurückgebliebenen Geistern der Form und richtig fortgeschrittenen Geistern der Persönlichkeit.

Das Ganze würde sich mit der Zeit so gestaltet haben, daß – wenn wir auf Europa schauen – im Westen sich, wenn auch einseitig, immer mehr und mehr ausgebreitet hätten die Impulse der Geister der Persön-
Tafel 4 lichkeit (siehe Zeichnung Seite 67, blau schraffiert), im Osten immer mehr und mehr die Impulse der zurückgebliebenen Geister der Form (violett schraffiert). Sie können das, was ich Ihnen heute schildere, zusammennehmen mit andern Gesichtspunkten, die ich über diese Kulturströmungen vor Zeiten hier schon entwickelt habe, denn im Übersinnlichen spielen eben die Dinge durchaus ineinander, und man kann die Dinge nur allmählich verstehen, indem man sich in die verschiedensten Impulse einläßt.

Aber so ist es nicht geblieben. Wenn wir allerdings zurückgehen in sehr frühe Zeiten des Mittelalters, bis zur Kreuzzugszeit, so können wir sagen: Für diese Zeiten gilt das in der Weise, wie ich es hier gezeichnet habe. Aber immer mehr und mehr spielt ein anderes Moment hinein – ich meine jetzt im Übersinnlichen –, und das ist, daß ja nicht nur zurückgeblieben sind die Geister der Form, nicht nur vorwärtsgekommen sind die Archai, die Urbeginne, sondern immer geschieht es in den Hierarchien der übersinnlichen Welt so, daß gewisse geistige Wesenheiten zurückbleiben, gewisse geistige Wesenheiten ihren normalen Fortschritt machen, daß gewisse Wesenheiten aber auch über das Ziel hinausschießen.

Und so sehen wir, daß im Westen, und zwar vom Süden herauf, in die ganze Bewegung eingreifen zurückgebliebene Erzengelwesen (roter Pfeil links), zurückgebliebene Archangeloi. So daß wir also gewissermaßen hier (oben) Archaiwesen haben in berechtigter Weise, aber hier (unten) Archangeloiwesen, welche auf früheren Stufen zurückgeblieben sind, die eigentlich zurückgebliebene Wesenheiten früherer Stufen dar-

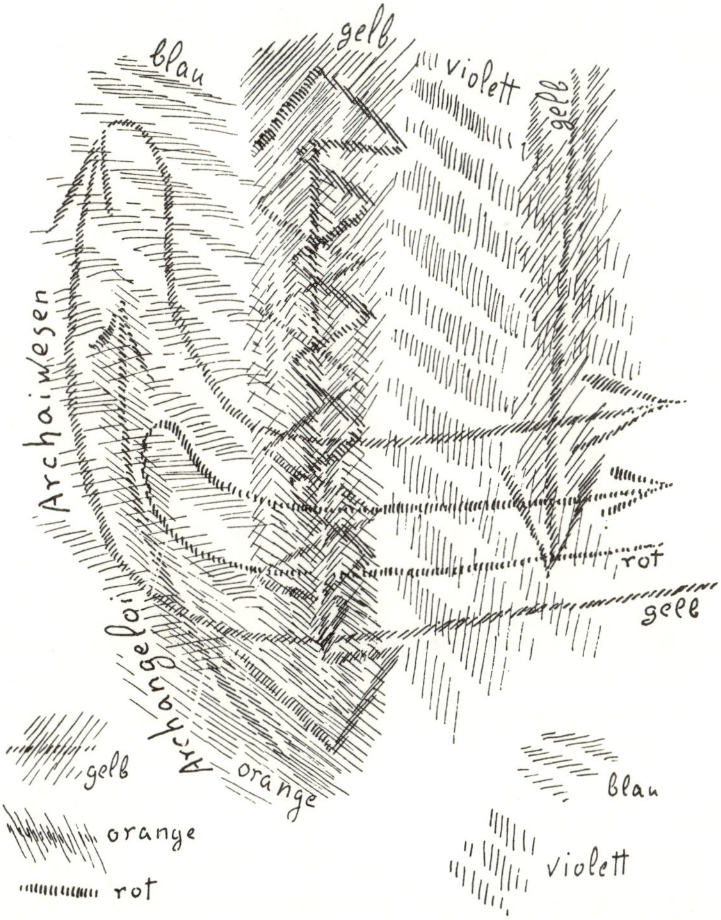

stellen, die Archangeloi geblieben sind, die schon Archai sein könnten, aber Archangeloi geblieben sind. Das ist das Wesen dieser Geister.

Und so sehen wir, daß im Westen Europas immer mehr und mehr – wenn ich mich dieses pedantisch-philiströsen Ausdrucks bedienen darf – normale Archai mit anormalen Archangeloi zusammenwirken.

Wenn wir die Sache geographisch nehmen, haben die Archangeloi eine Süd-Nordrichtung, während die Archai und zurückgebliebenen Exusiai die west-östliche und ost-westliche Richtung haben. Auf diese

Weise bekommt man die historisch geographischen Verhältnisse, die sich auf der Erde abspielen, als Abbilder der Kämpfe und des Zusammenwirkens höherer geistiger Wesenheiten heraus.

Alles, was im Westen Europas geschieht, man darf wohl sagen, was bis zum heutigen Tage geschieht, alles das kann verstanden werden als Abbild des Zusammenwirkens solcher normaler Archai mit abnormen Archangeloi, abnormen Archaiwesen, welche vor allen Dingen, weil sie den Menschen sehr nahestehen, sie in starker Weise impulsieren, ihnen vor allen Dingen ein emotionelles Verhältnis zu ihren Sprachen beibringen, jenes emotionelle Verhältnis, das ja – wie Sie sich denken können nach einem Vortrage, den ich vor kurzem hier gehalten habe – für diese Menschen eine große Bedeutung hat. Es bestimmt das ganze Wesen der Menschen außerordentlich stark dieses Einwirken der namentlich für das Verhältnis des Menschen zur Sprache so wichtigen Archangeloiwesen. Das, was gerade durch die Sprache die Menschen zusammenhält, sie in fanatischer Weise im Zusammenhalt durch die Sprache erscheinen läßt, das wird als irdisch abbildliches Geschehen erklärlich, wenn man die dahinterstehenden übersinnlichen Tatsachen kennt.

Nun ist in den verschiedenen Zeitepochen die Sache schwächer oder stärker, von der einen oder der andern Seite. Da haben wir im Westen ein Überwiegen der normalen Archai, haben im Süden ein Überwiegen der Impulse der abnormen Archangeloiwesen. Es ist durchaus möglich, das geschichtliche Leben der Menschen und Völker von dem Gesichtspunkte des Übersinnlichen aus zu charakterisieren.

Weiter muß man sagen: Dasjenige, was im Osten geschehen würde, wird wesentlich modifiziert dadurch, daß die zurückgebliebenen Geister der Form, die ja eine große Macht haben, stark beeinflußt werden durch die – ich darf jetzt schon sagen, da Sie ihre Bedeutung wissen –, durch die von Norden nach Süden wirkenden normal entwickelten
Tafel 4 Archangeloiwesen. Es schiebt sich gewissermaßen (Pfeil, gelb) in jenes wilde Gewoge und Getriebe, welches namentlich durch die von den zurückgebliebenen Formgeistern, von elohistischen Wesenheiten beherrschten Türken, Mongolen und ähnliche Gewalten entsteht, es mischt sich von Norden herunter da hinein etwas, das – wenn ich mich

des Ausdrucks bedienen darf – von guten Archangeloiwesen kommt, die dem Menschen sehr nahestehen, die in jedes einzelne Menschengemüt etwas hineingießen, was da jenen Gemeingeist übertönt, der eigentlich doch von zurückgebliebenen Geistern der Form herrührt.

Wiederum ist es so, daß auch hier für verschiedene Epochen der Weltgeschichte bald das Gewoge eines furchtbaren, unpersönlichen, unindividuellen Gemeingeistes waltet, in andern Epochen die Individualitäten vorherrschend werden. Wenn jemand einmal die merkwürdige russische Geschichte in dieser Weise als ein Abbild des Zusammenwirkens höherer geistiger Wesenheiten der oberen Hierarchien darstellen würde, so würden ungeheure Lichter fallen auf das, was in den einzelnen Epochen dieser Geschichte vorfällt.

Tafel 4

Nun haben wir also (siehe Zeichnung Seite 67) im Westen eine Strömung von Süden nach Norden, die sich mit der west-östlichen Richtung vermischt, hier eine Strömung von Norden nach Süden, die sich auch mit der west-östlichen Strömung vermischt. Aber diese Strömungen breiten sich wieder aus, und wir haben in der späteren Zeit eine süd-nördliche Strömung, die fortwährend, ich möchte sagen, in Schwingungen, in Zickzackschwingungen (siehe Zeichnung Seite 67) versetzt wird durch die westöstlichen Impulse. Und wir haben damit zusammenwirkend, in sie hineinwirkend die nord-südliche Strömung, die wiederum in Zickzackschwingungen durch die west-östlichen Impulse versetzt wird (orange). Dieses Zusammenziehen der zwei an sich schon zusammengesetzten Strömungen, das tritt in einer späteren Zeit der europäischen Entwickelung auf, das tritt auf in der Zeit, als die Reformationskämpfe beginnen.

Da sehen wir, wie eine nord-südliche Strömung, die aber immer mit west-östlicher vermischt ist, stark in sich tragend die normalen Archaikräfte, wie diese Strömung hineinstrebt in dasjenige, was zurückgeblieben war von den früheren, von Asien herüberflutenden Impulsen der zurückgebliebenen Geister der Form. Und es tritt, weil es etwas mit den Geistern der Form zu tun hat, in elementarer Weise etwas auf, was aber zugleich auf normale Impulse der Menschheitsentwickelung geht.

Studieren Sie alles dasjenige, was auf der einen Seite aus dem reinen Gedanken des Evangelisch-Protestantischen von Norden nach Süden sich wälzt, was aber dann in die wildesten kriegerischen Verwicklungen hineinwirkt, und studieren Sie dasjenige, was als Gegenströmungen von Süden heraufkommt, was wiederum zu den kriegerischen Verwicklungen führt. Studieren Sie zum Beispiel die evangelisch-protestantische Richtung mit einer nord-südlichen Hauptrichtung und die katholisch-jesuitische Strömung mit ihrer süd-nördlichen Hauptrichtung: da werden Sie das Ineinanderspielen, das komplizierte Ineinanderspielen desjenigen studieren können, was auf der Erde sich abspielt als ein Bild der höheren Geisteskämpfe des Übersinnlichen.

Und dadurch kommt etwas heraus, was Sie eigentlich als Anthroposophen schätzen müßten. Nach den heutigen Darstellungen – die *Schiller* nur ein bißchen zurechtgerichtet hat, namentlich für den Anfang der Vorgänge –, nach den heutigen Darstellungen des Dreißigjährigen Krieges weiß man, wie aus dem Religionskampf in Prag jenes Ereignis sich entwickelt hat, wo die aufgeregten Leute in das Prager Rathaus gedrungen sind, die zwei Staatsmänner Martinitz und Slawata und dann auch den Geheimschreiber Fabricius zum Fenster hinausgeworfen haben, denen dann, wie Sie ja wissen, nichts geschehen ist, weil sie auf einen Misthaufen, das heißt auf einen Haufen gefallen sind, der aus lauter hinuntergeworfenen Papierschnitzeln bestand. Es war nicht, was man im gewöhnlichen Leben einen Misthaufen nennt, sondern es war ein Haufen aus Papierschnitzeln, denn in der damaligen Zeit war es so Sitte, daß man nicht einen Papierkorb verwendete, sondern die Papierschnitzel zum Fenster hinauswarf, und nachher warf die aufgeregte Menge ihnen jene Politiker nach. Wenn man da anfängt und nachher die Sache weiter verfolgt: Es ist ein so wüstes Herumfahren auf der Karte von Europa; bald siegt der, bald der andere, bald fällt jenem Kurfürsten etwas ein, dann wieder nimmt dieser Feldherr jene Richtung und so weiter. Es ist wie ein Herumfahren auf der Karte von Europa, ganz gleichgültig, ob man dieses Herumfahren zeichnet, oder ob man es bloß schildert. In der Schule kommt man gerade bei solchen Darstellungen von so eminent wichtigen Erscheinungen wie dem Dreißigjährigen Krieg immer in Verlegenheit, weil man nach den gewöhnlichen geschichtlichen Darstellungen ja überhaupt nur so erzählen muß, daß die Schüler es doch bald wieder vergessen, denn das wirbelt alles durcheinander! Da ist ja nichts drinnen, was den einzelnen Gedankenströmungen Richtung gibt. Aber sieht man auf das Wahrhaftige in der Sache, dann sieht man eben hinter dem äußeren Abbild diese nord-südlichen, südlich-nördlichen Strömungen, die fortwährend auch von west-östlichen durchkreuzt werden.

Man sieht in dem, was von *Wallenstein* kommt, was dann von Norden herunterkommt, von *Gustav Adolf* und so weiter, man sieht in allem, wie dasjenige, was äußerlich in der Geschichte vorgeht, gewissermaßen – ich sage wieder nicht geleitet und gelenkt, aber impulsiert wird von den übersinnlichen Kräften, die dahinterstehen. Die Menschen sind trotzdem darinnen freie Wesen, der Mensch ist ja ein freies Wesen, obwohl auch natürliche Impulse seine Taten lenken. Nicht wahr, man kann nicht sagen, man werde dadurch unfrei, daß man, weil man zum Fenster hinausschaut und sieht, daß es regnet, seinen Regenschirm mitnimmt und ihn draußen aufspannt; man fügt sich eben in die natürlichen Kräfte hinein. So steht der Mensch durchaus mit seinen seelisch-geistigen Wirkungen in den geistigen Impulsen, in dem geistigen Kräftezusammenhange darinnen; er bleibt deshalb doch ein freies Wesen.

Aber das, was sich auf dem Plane der großen Weltgeschichte abspielt, begreift man eben erst dann, wenn man es aus dem Übersinnlichen heraus begreift, das dahintersteht. Und damit kommt man dann an die konkrete Impulsierung des weltgeschichtlichen Geschehens durch geistige Mächte, während man, wenn man nur von einem abstrakt Göttlichen spricht, nicht irgendwie zu einer Anschauung kommen kann.

Derjenige, der bloß von einem abstrakt Göttlichen spricht, der müßte doch eigentlich, da er das Göttliche überall wirksam denken muß, dieses abstrakt Göttliche, sagen wir bei einer Türkenschlacht des Mittelalters, bei den Türken suchen, und auch bei denen, welche die Türken bekämpfen! Das heißt, das abstrakt Göttliche ist da mit sich selber im Kampf, in einem Selbstkonflikt drinnen, wenn man es nur als abstrakt Göttliches anschaut.

In dem Augenblick, wo man an die konkreten geistigen Wesenheiten kommt, die ihre gegenseitigen Verhältnisse dadurch haben, daß in einer solchen Weise, wie ich es geschildert habe, gewisse Aufgaben von der einen Gruppe auf die andere übergehen, daß aber gewisse Gruppen zurückbleiben, andere auf normale Stufen kommen, andere im Sturm vorwärtsschreiten, in dem Augenblick, wo man erkennt, daß da tatsächlich in der geistigen Welt eine Vielheit ist von Wesen, die sich bekämpfen, die sich aber auch gegenseitig helfen können, bekommt man erst die Möglichkeit, wirklich das, was hinter den Kulissen der Weltgeschichte im Übersinnlichen des Kosmos geschieht, mit menschlichen Begriffen zu durchdringen, ohne daß man sich unerlaubter Widersprüche schuldig macht.

Denn sehen Sie, da treten dann konkrete Begriffe ein. Man sieht, wie im Westen unberechtigte Archangeloi in ein berechtigtes Tun von Archai eingreifen, wie also da ein Beeinträchtigen, ein Verschlimmern des Guten in den sich abspielenden Kämpfen fortwährend stattfindet. Wir sehen, wie im Osten gut wirkende Archangeloi als helfende, als schützende Geister ausgleichen, was sonst durch die zurückgebliebenen Geister der Form in einer nicht dem vollen Menschlichen entsprechenden Weise ausgestaltet würde. Und wir sehen dann, wie, indem sich diese beiden Strömungen zusammenschieben, innerhalb Mitteleuropas jene fortwährenden Verwirrungen eintreten von Reformation und Gegenreformation, in jenem Ausmaße, das diese Kräfte im Dreißigjährigen Krieg angenommen haben, und noch in den folgenden Kämpfen, die sich da abgespielt haben.

Zweierlei muß uns vor der Seele stehen: Wir betrachten den einzelnen Menschen; aber wir betrachten ihn nicht so, wie ihn die heutige offizielle Wissenschaft betrachtet, die nur sieht: da hat er diesen Muskel, da jenen Muskel, da diesen Knochen, da diesen Nerv –, sondern wir betrachten den ganzen Menschen seiner physischen Bildung nach als ein Abbild des Übersinnlichen, und wissen, daß ja der physische Mensch, wie er auf der Erde steht, zunächst in seinem Gedankenplane, zwischen dem Tode und einem neuen Leben, von dem Menschen selbst, der sich auf Erden verkörpert, im Zusammenhange mit den Geistern der höheren Hierarchien bewirkt wird, erarbeitet wird. Und so betrachten wir den einzelnen Menschen als ein Abbild einer übersinnlichen Menschenurform.

Aber so betrachten wir auch zweitens dasjenige, was in der Geschichte geschieht, als Abbild eines Geschehens hinter den Kulissen der Geschichte, eines Geschehens, das sich eben abspielt in der übersinnlichen Welt, in jener Welt, wo ganze Heerscharen von übersinnlichen Wesenheiten ebenso – wenn ich sie mit irdischen Namen bezeichnen soll – soziale Verhältnisse miteinander eingehen wie die Menschen auf Erden. Nur daß die Handlungen dieser überirdischen sozialen Wesenheiten so sind, daß ihre Impulse hereinspielen auf die Erde und sich in den Handlungen der Menschen ausdrücken.

Es ist insbesondere für den Menschen der Gegenwart wichtig, im einzelnen einzusehen, wie auf der einen Seite der Mensch ein Abbild des Übersinnlichen ist, auf der andern Seite die geschichtlichen Ereignisse Abbilder des Übersinnlichen sind. Und auf keinem andern als auf diesem Wege kann der Mensch wiederum zurückfinden zu der göttlich-geistigen Welt. Mit den bloßen Abstraktionen von einem Göttlichen kann heute noch auf diejenigen gewirkt werden, die nicht angefangen haben, im Sinne des modernen Geisteslebens erkennen und denken zu wollen. Aber deren Zahl wird immer geringer werden, und diejenigen, die erkennen und denken wollen, werden in immer größerer Zahl vorhanden sein. Die müssen wiederum zum religiösen Leben zurückgeführt werden. Sie können es nur, wenn man ihnen die konkreten realen Vorgänge der geistigen Welt vor das Seelenauge stellt und nicht sie abfertigt mit einem bloßen abstrakten allgemeinen Gedanken von einem Göttlichen, über das man eigentlich nichts aussagen will, sondern das man nur wie ein alles übergreifendes Wort anführt, ohne daß man die Einzelheiten versteht.

Damit, meine lieben Freunde, ist wiederum von einem andern Gesichtspunkte aus hingewiesen auf eine der Aufgaben, welche anthroposophische Erkenntnis in der Gegenwart hat und haben soll.

FÜNFTER VORTRAG

Dornach, 18. März 1923

Indem wir auf dasjenige zurückblicken, was in den letzten Betrachtungen Ihnen vorgeführt wurde in bezug auf das Geschehen, die Tatsachen und Handlungen in den übersinnlichen Welten – es war ja das alles mehr oder weniger eine Ergänzung meines Schriftchens «Die geistige Führung des Menschen und der Menschheit» –, werden Sie verstehen, daß es in unserer Zeit im wesentlichen darauf ankommt, einzusehen, daß sich das große, gewaltige Ereignis auswirkt, von dem ich sagte, daß es in der Hauptsache dem 4. nachchristlichen Jahrhundert angehört, und daß es die Übergabe der Verwaltung der Weltgedanken von seiten der Geister der Form an die Geister der Persönlichkeit oder Urkräfte ist. Wenn wir den ganzen Sinn, den kosmischen Sinn dieses bedeutsamen Ereignisses ins Auge fassen, so können wir sagen: Er besteht durchaus darin, der Menschheit im Verlaufe ihrer Entwickelung dasjenige zu geben, was sie bekommen soll in unserem gegenwärtigen fünften nachatlantischen Zeitraum, in dem Zeitraum der Bewußtseinsseelenentwickelung, nämlich die innere menschliche Freiheit, die Möglichkeit für den einzelnen Menschen, aus sich selbst heraus zu handeln. Wir wissen ja, daß im wesentlichen die menschliche Erdenentwickelung eine Art Vorbereitung war für diesen Zeitraum, daß in dem Menschen erst die Naturgrundlage geschaffen werden mußte, damit er innerhalb dessen, was er geworden ist durch diese Naturgrundlage, dann sein Seelisches in sich zur Freiheit entwickeln kann. Wie hängt dies nun zusammen mit jenem charakterisierten übersinnlichen Ereignisse?

Wenn wir in großen Zügen dieses Ereignis uns vor die Seele stellen, so können wir sagen: Wir überblicken auf der einen Seite die geistige Welt so, daß die hauptsächlichsten geistigen Führer der Menschheit diejenigen Wesenheiten sind, die wir ansprechen müssen als Geister der Persönlichkeit, als Archai; aber solche Geister der Persönlichkeit, solche Archai, welche die Verwaltung der Weltgedanken aus den Händen der Exusiai, der Geister der Form, erhalten haben. Diese Archai, denen also gewissermaßen die Menschheit in ihrer Entwickelung die Möglichkeit verdankt, durch eigene innere Seelenarbeit zu Gedanken zu kommen, werden beeinträchtigt in ihrer Wirksamkeit durch jene Wesenheiten, die als Exusiai, als Geister der Form zurückgeblieben waren auf einer früheren Entwickelungsstufe, von solchen Wesenheiten, die gewissermaßen als Geister der Form die Verwaltung der kosmischen Gedanken nicht abgetreten haben. Und der Mensch wird nun einmal in diesem Bewußtseinsseelenzeitraum, in dem wir seit dem 15. Jahrhundert drinnen leben, vor die große Wahl gestellt, in irgendeiner seiner Inkarnationen vor die große Wahl gestellt, sich wirklich zur Freiheit zu entscheiden, oder, was dasselbe ist, die Möglichkeit dieser Freiheit durch seine Hinwendung zu den richtigen Archai zu erhalten.

Wir sehen allerdings in unserem Zeitalter, wie die Menschen sich sträuben, sich loszumachen von jenen geistigen Wesenheiten, die als Exusiai nicht die Gedankenentwickelung haben abtreten wollen. Welche Rolle diese Wesenheiten in der gegenwärtigen Menschheitsentwikkelung spielen, wir können es uns klarmachen, wenn wir sehen, welche Rolle die entsprechenden, in normaler Entwickelung begriffenen Exusiai in älteren Zeiten mit Recht gehabt haben.

In älteren Zeiten haben ja die Menschen nicht so ihre Gedanken entwickelt, wie sie das heute zu tun haben. Sie haben ihre Gedanken nicht in innerer Aktivität, nicht in innerer Arbeit entwickelt. Sie haben ihre Gedanken entwickelt, indem sie sich hingegeben haben dem Anschauen der äußeren Natur, und so wie wir heute die Farben, die Töne wahrnehmen, auch zu gleicher Zeit die Gedanken wahrgenommen. Aber in noch älteren Zeiten, in denen die Menschen dem instinktiven, unbewußten Hellsehen sich hingegeben haben, haben sie mit den Bildern des unbewußten Hellsehens zugleich die Gedanken als eine Gabe der göttlich-geistigen Welten empfangen. Die Menschen haben sich also die Gedanken nicht erarbeitet, die Menschen haben die Gedanken empfangen. Das mußten sie in älteren Zeiten.

Geradeso wie das Kind zuerst seine physische Natur entwickeln muß, wie das Kind zunächst eine Grundlage schaffen muß für dasjenige, was es erst im späteren Leben lernen kann, so konnte die Menschheit als Ganzes zu der inneren aktiven Entwickelung einer Gedankenwelt nur dann kommen, wenn erst von außen herein an der gesamten menschlichen Natur diese Gedankenwelt arbeitete.

Diese Vorbereitungszeit mußte also durchgemacht werden. Aber in dieser Vorbereitungszeit konnte der Mensch eigentlich niemals sagen, daß er dazu berufen sei, ein freies Wesen zu werden. Denn wie Sie aus meiner «Philosophie der Freiheit» ersehen können, ist die Grundbedingung der menschlichen Freiheit eben diese, daß der Mensch seine Gedanken in innerer Aktivität selber entwickelt, und daß er aus diesen selbst entwickelten Gedanken, die ich in meiner «Philosophie der Freiheit» die reinen Gedanken genannt habe, auch die moralischen Impulse schöpfen kann.

Solche auf dem Grund des eigenen menschlichen Wesens ersprießenden moralischen Impulse gab es nicht und konnte es nicht geben in den älteren Zeiten der Menschheitsentwickelung. Da mußten mit den Gedanken, die gleichsam gottgegeben waren, wie Gebote, die absolut bindend waren und die den Menschen unfrei machten, zugleich die moralischen Impulse gegeben werden. Gerade diese Seite der Sache finden Sie in meiner «Philosophie der Freiheit» dargestellt: den Übergang der Menschheit von der Gebundenheit in den Geboten, welche die Freiheit ausschließen, zu dem Handeln aus der sittlichen Intuition heraus, welche die Freiheit einschließt.

Nun ist es bei den Geistern der Form so, daß sie immer von außen herein im Menschen etwas bewirken. Alles dasjenige, was der Mensch von außen herein in seinem eigenen Wesen bewirkt hat, alles das enthält die Taten der Geister der Form. Und es war eben durchaus so, daß, solange die Geister der Form den Menschen die kosmischen Gedanken eingepflanzt haben, die Gedanken etwas waren, was entweder, ich möchte sagen, aus Steinen, Pflanzen, Tieren den Menschen wie Wahrnehmungen entgegenkam, oder aber von innen aufstieg aus den menschlichen Instinkten und Trieben herauf. Da schwamm der Mensch gewissermaßen auf den Wogen des Lebens, und die Wogen des Lebens wurden aufgeworfen – aber auch beruhigt, insofern sie Gedanken aufwarfen – von den Geistern der Form. Von außen kam also an den Menschen dasjenige heran, was er in seinem Inneren dann ergriff. Daher fühlte sich der Mensch auch in jenen älteren Zeiten seinen Göttern gegenüber so, daß er vorzugsweise nach den Göttern suchte als nach den Ursachen des Weltgeschehens und seiner selbst. Wenn der Mensch von den Göttern sprach, so sprach er so, daß er in den Göttern die Ursache dessen suchte, was er auf Erden ist, was Naturerscheinungen auf der Erde sind. Der Mensch ging immer zu den Göttern als zu den Ursachen der Dinge zurück: Woher kommt die Welt? Woher komme ich selbst? – Das waren die großen religiösen Fragen der älteren Menschheit.

Wenn Sie die alten Mythen durchgehen, so werden Sie immer finden, sogar bis in die biblische Schöpfungsgeschichte herein: es sind Genesis-Mythen, auf die da hingewiesen wird, weil man nach dem Ursprung der Welt vorzugsweise zunächst suchte, aber auch bei diesem Suchen nach dem Ursprung der Welt im wesentlichen stehen blieb.

Diese ganze Stimmung der Menschenseele, sie war dadurch gegeben, daß eben der Mensch in seiner Gedankenwelt von den Geistern der Form abhängig war. Bis in das 4. nachchristliche Jahrhundert herein, und in den Nachwirkungen noch bis ins 15. Jahrhundert waren gewissermaßen die Geister der Form in der Weltenordnung – wenn ich diesen Ausdruck gebrauchen darf – vollberechtigt, die ganze Gedankenregierung, die Gedankenverwaltung zu haben, und das Denken, die Gedankenentfaltung von außen an den Menschen heranzubringen.

Seit jener Zeit ist es anders geworden. Seit jener Zeit haben die Exusiai, die Geister der Form eben die Gedankenverwaltung an die Archai abgegeben. Aber wie verwalten die Archai diese Gedanken? Nun nicht mehr so, wenn sie selbst sie verwalten, daß sie den Menschen sie einflößen, daß sie den Menschen sie von außen hineinlegen, sondern daß sie den Menschen selber die Möglichkeit geben, diese Gedanken zu entwickeln. – Wie kann das sein?

Das kann eben dadurch sein, daß wir Menschen ja alle durch eine große Anzahl von Erdenleben durchgegangen sind. In jenen älteren Zeiten, in denen die Exusiai mit Recht die Gedanken von außen heranbrachten, waren die Menschen noch nicht durch so viele Erdenleben gegangen wie in der jetzigen Zeit. Da konnten sie noch nicht in sich, wenn sie wirklich den Impuls dazu in sich rege machten, die eigene Aktivität finden, um die Gedankenkraft in sich selber zu erzeugen.

Wir leben heute, sagen wir, in der so und so vielten Erdeninkarnation. Und wenn wir nur den Willen dazu haben – denn auf den Willen kommt es an –, dann können wir in uns dasjenige finden, was Kraft ist, eine eigene Gedankenwelt aus uns heraus zu erzeugen, eine individuelle Gedankenwelt, wie ich es auch in der «Philosophie der Freiheit» ausgeführt habe.

Aber nehmen Sie nun diesen Gedanken völlig ernst! Denken Sie daran, daß wir in das Zeitalter eingetreten sind, in dem der Mensch aus seinem eigenen Inneren heraus beschäftigt ist, seine Gedanken sich zu erarbeiten, seine Gedanken zu formen. Er steht aber nun auch als einzelner in der Welt da. Diese Gedanken würden gewissermaßen isoliert in der Welt dastehen, keine Bedeutung für den Kosmos haben, wenn nicht geistige Wesenheiten da wären, welche den Gedanken, den sich der Mensch in seiner Freiheit erarbeitet, nun in der rechten Weise als Kraft und Impuls dem Kosmos einfügten. Und so haben wir den Fortschritt, der gegeben ist von der Gedankenverwaltung durch die Geister der Form zu jener durch die Geister der Persönlichkeit.

Die Geister der Form haben gewissermaßen aus dem allgemeinen kosmischen Reservoir der Gedanken diese Gedanken herausgeschöpft, um sie von außen an den Menschen heranzubringen. Der Mensch hat die Weltengedanken in sich aufgenommen, mußte sich fühlen als eine Art von Geschöpf, das sich fortbewegt innerhalb der von den Geistern der Form im Kosmos erzeugten Fluten und Wellen. Da war die Gedankenwelt so im Kosmos darinnen, daß sie ihre Harmonie auf den Menschen selber übertrug. Aber der Mensch war ein unfreies Wesen innerhalb des Kosmos. Nun hat der Mensch die Freiheit erlangt, seine eigenen Gedanken sich zu erarbeiten; sie würden aber alle im Kosmos Gedanken-Eremiten bleiben, wenn sie nun nicht aufgenommen und in die kosmische Harmonie wiederum zurückgetragen würden. Und das geschieht eben durch die Archai in unserem Zeitalter.

Hier ist die Grundlage dafür geschaffen, jenen ungeheuer bedeutsamen historischen Zwiespalt, der heraufgekommen ist in der neueren Zeit und der die Menschenseelen in so unendliche Verwirrung gebracht hat, zu lösen. Sehen wir denn nicht diesen Zwiespalt? Ich habe Ihnen von andern Gesichtspunkten aus öfter erwähnt, wie der Mensch auf der einen Seite lernt, daß der ganze Kosmos von einer Naturordnung durchzogen ist, daß diese Naturordnung auch in die eigene menschliche Wesenheit hereinspielt, daß da einstmals ein Urnebelgebilde war, aus dem sich Sonne und Planeten herausgeballt haben, aus dem sich wieder der Mensch selber herausgeballt hat. Sehen wir nicht auf der einen Seite das System der kosmischen Naturgesetze, in das der Mensch sich eingespannt fühlt? Und sehen wir nicht auf der andern Seite, wie der Mensch, um seine wirkliche Menschenwürde zu wahren, darauf angewiesen ist, indem er nun dasteht als naturgegebenes Wesen, in sich rege zu machen den Gedanken an eine moralische Weltenordnung, auf daß seine moralischen Impulse nicht verfliegen im Weltenall, sondern Realität haben?

Ich möchte sagen, an einem gewissen philosophischen Spintisieren ist dieser Zwiespalt immer wieder und wiederum im Laufe des 19. Jahrhunderts angekommen. Sehen Sie sich innerhalb des Protestantismus jene religiösen Kämpfe an, die sich zum Beispiel an die Ritschlsche Schule knüpfen. Als solche religiös-philosophisch-theologische Kämpfe kennen sie ja die meisten Menschen nicht, denn sie haben sich im engen Rahmen der theologischen oder philosophischen Schulen abgespielt. Aber das, was sich in diesem engen Rahmen der theologischen oder philosophischen Schulen abspielt, bleibt ja nicht darinnen. Es kommt ja nicht darauf an, daß Sie oder überhaupt die Menschheit alle miteinander wissen, was *Ritschl* über die moralisch-göttliche Weltenordnung, über die Persönlichkeit Jesu gedacht hat. Aber was solche Persönlichkeiten im Laufe des 19. Jahrhunderts über die Persönlichkeit Jesu gedacht haben, das rinnt hinunter und lebt schon in den Lehren, die den sechs- bis zwölfjährigen Kindern beigebracht werden. Das wird ja allgemein menschliche Seelenverfassung, und ist allgemein menschliche Seelenverfassung geworden. Und wenn auch die Menschen sich das nicht zur vollen Klarheit bringen, es ist doch so, daß es als unbestimmte Gefühle, als Unbefriedigtheit des Lebens in ihnen vorhanden ist, und daß es dann in solch chaotisches Handeln übergeht, das endlich ein solches chaotisches Zeitalter heraufbringen mußte, wie dasjenige ist, in dem wir leben. Das ist eben die große bange heutige Menschheitsfrage, die dadurch entsteht, daß der Mensch sich sagen muß: Da ist die naturgesetzliche Welt, ausgegangen von dem Urnebel, endend einmal im Wärmetod, wo alles, was seelisch-geistig ist, in der nicht mehr in sich beweglichen, sondern in einem allgemeinen Wärmezustand existierenden Welt untergegangen sein wird, so daß der große Friedhof da sein müßte. Alle moralischen Ideale, die aus der Individualität des einzelnen Menschen hervorgehen, würden erstorben sein.

Der Mensch macht sich das heute nicht klar, weil er nicht ehrlich genug dazu ist. Aber alles, was er aus der heutigen Zivilisation entnimmt, müßte ihn dazu führen, an diesem ungeheuer bedeutsamen Zwiespalt in seiner Weltanschauung zu kranken – nur weiß er es nicht –, daran zu kranken, daß eine natürliche Welt da ist, der er unterworfen ist, daß er annehmen muß eine sittliche Welt, und daß er keine Möglichkeit hat aus seiner heutigen Anschauung heraus, den sittlichen Ideen eine Realität zuzuschreiben.

So war es nicht für eine ältere Menschheit. Eine ältere Menschheit empfand, daß sie ihre sittlichen Ideen von den Göttern hatte. Das war in der Zeit, als eben die Exusiai, die Geister der Form dem Menschen die Gedanken einflößten, also auch die sittlichen Gedanken. Da wußte der Mensch, daß wahrhaftig, möge auch die Erde dem Wärmetod verfallen, in der Zukunft da sein werden die göttlich-geistigen Wesenheiten, welche aus dem ganzen Kosmos heraus die Weltgedanken haben. So daß der Mensch wußte: nicht er macht die Gedanken, sie sind so da, wie die äußeren Naturvorgänge da sind; sie mußten also eine immerwährende Existenz haben wie die äußeren Naturvorgänge.

Man muß sich das nur ganz klarmachen, daß heute viele Menschen eben immer mehr und mehr mit dem Leben nicht fertigwerden. Die einen gestehen sich das – es sind vielleicht noch die besten –, die andern gestehen sich das nicht, aber durch ihr Handeln entsteht das allgemeine Weltenchaos, in das wir hineingeraten sind.

Aber alles, was heute als Weltenchaos, als Weltenunordnung da ist, das ist die tatsächliche Folge dieses inneren Zwiespaltes, dieses Nichtwissens, inwiefern die moralische Weltenordnung eine Realität hat. Es möchten sich die Menschen stumpf machen gegenüber den großen Weltfragen, da sie sich nicht aufraffen wollen, sich zu gestehen, wo der Zwiespalt eigentlich liegt. Sie möchten ihn am liebsten vergessen.

Nun, mit dem, was man heute unsere äußere Zivilisation nennt, läßt sich der Zwiespalt nicht lösen. Er läßt sich allein lösen auf demjenigen Boden einer geistigen Weltanschauung, der durch die Anthroposophie gesucht wird. Und da kommt man eben dazu, einzusehen, wie Archai da sind, welche nunmehr die Aufgabe im Kosmos, in der kosmischen Führung erhalten haben, die Gedanken der Menschen, die nun isoliert, durch innere Arbeit in der Seele entstehen, wirklich überall anzuknüpfen an die Weltenvorgänge, sie überall einzuordnen.

Und in einer großartigen, gewaltigen Weise findet der Mensch wiederum den Boden für die moralische Weltenordnung gerade auf diese Weise. Wie findet er ihn? Nun, der Mensch könnte nicht frei werden, wenn er nicht das Gefühl entwickeln könnte: Du entfaltest deine Gedanken aus deiner eigenen Individualität heraus; du bist der Erarbeiter deiner Gedanken.

Aber damit reißen wir zu gleicher Zeit die Gedanken los vom Kosmos. Es war gewissermaßen in alten Zeiten so: Wenn ich hier das Meer der kosmischen Gedanken aufzeichne (siehe Zeichnung, gelb) und da die Menschen wären, die ich schematisch so zeichne (rot), dann müßte ich dasjenige, was in jedem Menschen als sein Teil der kosmischen Gedankenwelt hineinkäme, so zeichnen (gelb). Der Mensch hing an

Tafel 5

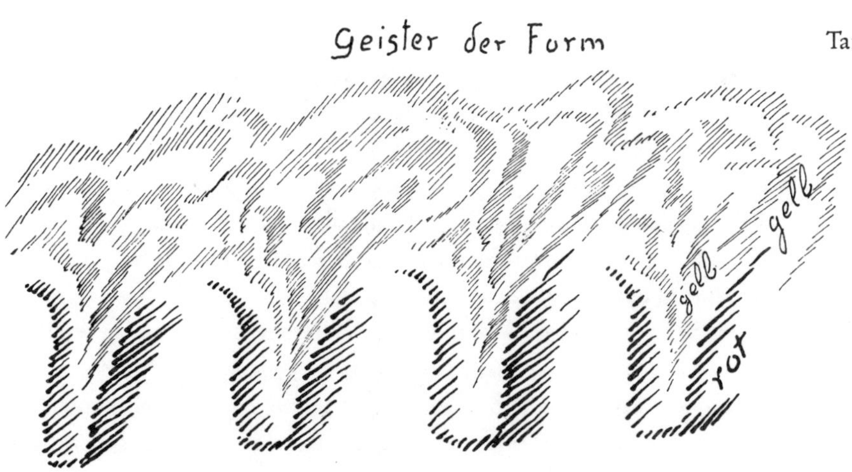

der kosmischen Gedankenwelt, sie senkte sich in ihn hinein. Daß es so sein konnte, ergab sich aus dem Wirken der Geister der Form.

Das ist im Laufe der Menschheitsentwickelung anders geworden. Wir haben hier das Meer der kosmischen Gedanken (siehe Zeichnung,

Tafel 6

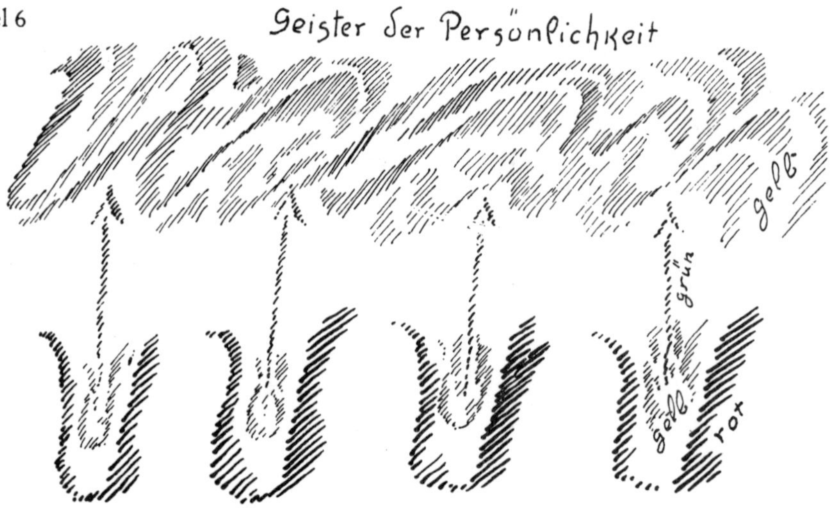

gelb), die Verwaltung ist übergegangen an die Archai. Wenn ich nun da unten die einzelnen Menschen zeichne, so ist dasjenige abgeschnürt, was ihre Gedanken sind; es hängt nicht mehr mit den kosmischen Gedanken zusammen. – Das muß so sein. Denn niemals könnte der Mensch ein freies Wesen werden, wenn er nicht seine Gedankenwelt abrisse vom Kosmos. Er muß sie abreißen, um ein freies Wesen zu werden; dann aber müssen sie wieder angeknüpft werden. Was also notwendig ist, das ist die Verwaltung dieser Gedanken – die ja zunächst das menschliche Leben nicht unmittelbar angeht (grün), sondern den Kosmos angeht – durch die Archai, die Geister der Persönlichkeit.

Aber nun nehmen wir diesen Gedanken in moralischer Gesinnung, und fühlen wir, wie dieser Gedanke in moralischer Gesinnung so wird, daß wir uns sagen: Wir werden, wenn wir die geistige Welt betreten – sei es, wenn wir durch die Pforte des Todes gegangen sind, sei es sonstwo, oder in der Erdenzukunft –, zusammentreffen mit den Geistern der Persönlichkeit, mit den Archai. Wir werden dann wahrnehmen können, was sie haben machen können mit unseren Gedanken, die zunächst um unserer Freiheit willen in uns isoliert waren. Und da werden wir unseren Menschenwert und unsere Menschenwürde an dem erkennen, was die Archai, die Geister der Persönlichkeit aus unseren Gedanken haben machen können. Und es wendet sich der kosmische Gedanke unmittelbar an moralische Gesinnung, an moralische Impulsivität.

Es kann aus der richtig erfaßten Anthroposophie heute durchaus überall die moralische Impulsivität entspringen. Es muß nur mit dem ganzen Menschen dasjenige erfaßt werden, was Anthroposophie ist.

Erfassen wir diesen Gedanken, den Gedanken der Verantwortlichkeit gegenüber den normal sich entwickelnden Archai, erfassen wir diese unsere geistige Beziehung im Kosmos richtig, dann leben wir uns auch richtig in unser Zeitalter herein, dann werden wir richtige Menschen unseres Zeitalters. Und dann werden wir in der richtigen Weise hinschauen auf das, was uns ja immer umgibt: nicht nur eine sinnliche Welt, sondern auch eine geistige Welt. Wir werden hinschauen auf diese geistigen Wesenheiten, die Archai, denen gegenüber der Mensch verantwortlich werden soll, wenn er in der richtigen Weise würdig seine Menschheitsentwickelung durchmachen will im Laufe der Erdenzeiten. Wir werden sehen, wie in der heutigen Zeit dem, was einmal die notwendige Weltenordnung war, auch noch gegenübersteht alles das, was übriggeblieben ist an solchen Geistern der Form, die noch immer die Gedanken in der alten Weise verwalten wollen. Und das ist der wichtigste Zivilisationseinschlag in unserer Zeit! Das sind die eigentlichen tieferen Aufgaben des Menschen: durch seine richtige Stellung zu den Archai, zu den Geistern der Persönlichkeit, frei zu werden, damit er auch die richtige Stellung zu den Geistern der Form gewinne, die heute mit der Gedankenverwaltung, die sie ebenso noch machen wollen wie früher, nicht im Rechte sind, die aber einstmals in ihrem Rechte waren. Und wir werden auf der einen Seite dasjenige finden, was in der Welt heute das Leben schwierig macht, wir werden aber auch überall die Wege aus den Schwierigkeiten der Welt heraus finden. Nur müssen wir diese Wege als freie Menschen suchen. Denn wenn wir keinen Willen haben zur freien Gedankenentwickelung, was sollen dann die Archai mit uns anfangen?

Dasjenige, worauf es ankommt in unserem Zeitalter, das ist, daß der Mensch wirklich ein freies Wesen sein will. Meistens will er es ja zunächst noch nicht. Er muß sich erst hineinfinden, es zu wollen. Dem Menschen wird es heute noch schwer, sich als freies Wesen zu wollen. Er möchte eigentlich am liebsten, daß er das, was ihm gefällt, wünschen kann, und daß dann die richtigen Geister da wären, die seine Wünsche auf eine unsichtbare übersinnliche Art ausführen. Dann würde er sich vielleicht frei fühlen, menschenwürdig fühlen! Wir brauchen nur ein paar Inkarnationen herankommen zu lassen, gar nicht einmal so lange Zeit, nur etwa das Jahr 2800 oder 3000, dann werden wir uns gar nicht mehr verzeihen können in einer nächsten Inkarnation – wo wir ja zurückschauen werden auf die frühere Inkarnation –, daß wir einmal menschliche Freiheit verwechselt haben mit Förderung der menschlichen Bequemlichkeit durch nachsichtige Götter!

Diese zwei Dinge verwechselt ja der Mensch heute: Freiheit, und Nachsicht von gütigen Göttern mit der menschlichen Bequemlichkeit, mit den bequemen menschlichen Wünschen. Heute wollen das viele Menschen noch, daß es gütige Götter gibt, die ihnen ihre Wünsche ohne viel Zutun ausführen. Wie gesagt, wir brauchen nur das Jahr 2800 oder 3000 herankommen zu lassen, in einer nächsten Inkarnation werden wir das dann sehr verachten. Aber gerade wenn wir heute richtige moralische Gesinnung entwickeln, so muß sie auch verbunden sein mit einer gewissen moralischen Stärke, welche die Freiheit wirklich will – die innere Freiheit zunächst; die äußere wird sich dann schon in der richtigen Weise entwickeln, wenn der Wille zur inneren Freiheit vorhanden ist. Dazu ist aber notwendig, daß man nun in rechter Weise beobachten kann, wo denn diese unberechtigten Geister der Form überall tätig sind.

Nun, sie sind überall tätig. Ich könnte mir denken – der menschliche Intellekt hat ja solch einen luziferischen Hang –, daß es nun Menschen gäbe, die da sagen: Ja, es wäre doch viel vernünftiger für die göttliche Weltenordnung, wenn diese zurückgebliebenen Geister der Form da nicht wirtschaften würden, gar nicht da wären! – Menschen, die so denken, denen rate ich, als vernünftiger Mensch auch zu denken, daß sie sich nähren könnten, ohne daß sich der Darm zu gleicher Zeit mit unangenehmen Stoffen anfüllt. Das eine ist eben nicht möglich ohne das andere. Und so ist es in der Welt nicht möglich, daß die Dinge, die groß und gewaltig die Würde des Menschen bedingen, da seien ohne ihre entsprechenden Korrelate.

Wo sehen wir denn nun zurückgebliebene Geister der Form tätig? In erster Linie sehen wir sie heute tätig in den nationalen Chauvinismen, die über die ganze Welt sich verbreiten, da, wo die Gedanken der Menschen sich nicht aus unmittelbarer innerster menschlicher Zentralität heraus entwickeln, sondern aus dem Blute heraus, aus dem, was aus den Instinkten aufflutet.

In dieser Beziehung gibt es zweierlei Verhalten zu der Nationalität. Das eine ist dieses: Man verachtet die normalen Archai und gibt sich einfach demjenigen hin, was die zurückgebliebenen Geister der Form aus den Nationalitäten machen. Man wächst dann einfach aus der Nationalität herauf, pocht in chauvinistischer Weise auf das, was man dadurch geworden ist, daß man aus dem Blute einer Nationalität heraus geboren ist. Man redet aus der Nationalität heraus, seine Gedanken bekommt man mit der Sprache dieser Nationalität; mit der besonderen Form dieser Sprache bekommt man auch seine Gedankenformen. Man steigt auf aus demjenigen, was die Geister der Form aus den Nationalitäten gemacht haben.

Und wenn man nun nachgeben will diesen zurückgebliebenen Geistern der Form und zu gleicher Zeit ein furchtbar ehrgeiziger Mensch ist, der durch das Schicksal an einen besonderen Posten gestellt ist, dann fabriziert man, gerade mit Rücksicht auf die nationalen Chauvinismen der Welt, «Vierzehn Punkte» und findet dann Anhänger, welche diese vierzehn Punkte *Woodrow Wilsons* als dasjenige betrachten, was der Welt etwas Großartiges geben soll.

In Wahrheit gesehen, was waren sie, diese vierzehn Punkte Woodrow Wilsons? Sie waren etwas, was der Welt hingeworfen werden sollte, damit sie frönen kann dem, was die zurückgebliebenen Geister der Form ausgießen wollen über die verschiedenen Naturgrundlagen der Nationen. Sie waren unmittelbar von da her inspiriert.

Man kann über alle diese Dinge reden von den verschiedensten Niveaus aus. Ganz dasselbe, was ich heute auf einem Niveau sage, das der Charakteristik von Archai und Exusiai entspricht, ganz dasselbe habe ich vor Jahren immer gesagt, um die Weltbedeutung dieser vierzehn Punkte von Woodrow Wilson zu charakterisieren, durch welche, weil sie die Welt in Illusionen gewiegt haben, so ungeheuer viel Unglück und Chaos in die Welt gekommen ist.

Ferner sehen wir heute, wie das, was von diesen zurückgebliebenen Geistern der Form ausgeht, sich geltend macht in der einseitigen naturwissenschaftlich-materialistischen Weltanschauung, wo ein wahrer Horror vorhanden ist – besser gesagt, eine scheußliche Angst davor besteht –, in die Aktivität der Gedanken überzugehen. Man soll sich heute nur einmal vorstellen, was für einen furchtbaren Spektakel ein richtiger Professor machen würde, wenn irgendein Student im Laboratorium ins Mikroskop schaute und irgendeinen Gedanken hervorbringen wollte. Das gibt es nicht! Da muß man sorgfältig nur dasjenige verzeichnen, was die äußere sinnliche Beobachtung gibt, gar nicht wissend, daß die ja nur die Hälfte der Wirklichkeit gibt, die andere Hälfte der Wirklichkeit wird eben im eigenen menschlichen Schaffen von Gedanken erzeugt. Da muß man aber wissen, was die gegenwärtige Mission der richtig entwickelten Archai ist. Es muß in der Wissenschaft, die verdorben wird durch die zurückbleibenden Geister der Form, geltend gemacht werden die richtige Mission der Geister der Persönlichkeit. Davor besteht heute die denkbar größte Angst.

Nicht wahr, Sie kennen die bekannte Anekdote, wie nach den verschiedenen National-Naturgrundlagen Wissenschaft gemacht wird. So etwa wird gefragt: Wie geht es zu, wenn es sich heute darum handelt, in richtiger Zoologie ein Kamel kennenzulernen, wie machen das die verschiedenen Nationen? Der Engländer macht eine Reise in die Wüste, beobachtet das Kamel. Er braucht ja dazu vielleicht zwei Jahre, bis er das Kamel in allen Lebenslagen beobachtet hat, aber er lernt auf diese Weise das Kamel in unmittelbarer Natur kennen, beschreibt es, läßt natürlich alle Gedanken weg, aber er beschreibt alles, schafft nicht eigene Gedanken. Der Franzose geht in die Menagerie, wo ein Kamel ausgestellt ist, schaut sich in der Menagerie das Kamel an und beschreibt das Kamel in der Menagerie. Er lernt nicht so wie der Engländer das Kamel in allen Naturlagen kennen, sondern er beschreibt es, wie es in der Menagerie ist. Der Deutsche geht weder in die Wüste noch in die Menagerie, sondern er setzt sich in seine Gelehrtenstube, setzt a priori alle Gedanken zusammen, die er aus dem, was er gelernt hat, herausbringen kann, konstruiert a priori das Kamel und beschreibt aus diesem a priori Konstruierten heraus das Kamel. – So wird gewöhnlich die Anekdote erzählt. Sie stimmt ja auch fast, wirklich fast, denn man hat überall das Gefühl, ob nun ein Kamel beschrieben wird oder ob der Mensch selber beschrieben wird oder dergleichen: es ist auf diese Weise die Beschreibung entstanden. Aber nur eines findet man nicht. Das würde, möchte ich sagen, erst das richtige Fazit, die richtige Antwort geben auf diese dreifach gestaltete Anekdote: Da wäre irgendwo der vierte, der – es kommt schon nicht darauf an, ob er nun in die Wüste geht, oder ob er Bücher studiert, weil er gerade nicht Gelegenheit hat, in die Wüste oder in die Menagerie zu gehen, oder ob er schließlich zu einem Tiermaler geht, dessen Bilder ansieht, auf denen mit genialer Kunst Kamele gemalt sind –, der imstande ist, aus dem, was sich ihm da ergibt, die Frage an die göttlich-geistige Weltenordnung selber zu stellen: Was ist das Wesen des Kamels? – Derjenige nämlich, der diese innere Arbeit leisten kann, der sieht dem Kamel, das in der Menagerie ist, noch an, wie es sich in der Wüste verhält; ja, der sieht es selbst dem noch an, was er sich durch Lektüre aus verschiedenen Büchern bilden kann, vielleicht aus Büchern, in denen scheußlich karikierte, philiströs-pedantische, schulmeisterliche Beschreibungen stehen. Er kriegt doch heraus, wenn er in das Wesen des Kamels eindringen kann, selbst aus dem Schulmeisterlichen, aus allem möglichen a priori Konstruierten, er kriegt noch heraus, um was es sich handelt.

Das ist es, was heute vor allen Dingen die Menschheit braucht, natürlich nicht mit Ausschluß, sondern mit Einschluß der äußeren Weltenerfahrung, mit Einschluß der sinnlichen Weltenerfahrung: hinzufinden den Weg zum Geistigen.

Da haben wir wiederum dasjenige, was uns in jedem Gebiete unseres Erkenntnisstrebens dazu führen soll, in der richtigen Weise einzusehen, wie uns die zurückgebliebenen Geister der Form verführen können, und wie uns das richtige Erkennen dessen, was die Mission der Geister der Persönlichkeit ist, gerade als Menschen richtig hineinstellen kann in unser Zeitalter. Und am allerwichtigsten ist es, sich in dieser Weise orientieren zu können über die heranwachsenden Kinder, um zu einer wirklichen Erziehungskunst zu kommen. Denn das ist ja gerade etwas, was heute überall als ein ungeheurer Mangel aller Erziehungskunst vorhanden ist: Die Menschen halten fest an dem, was aus dem Menschen geworden ist im Laufe der geschichtlichen Entwickelung durch die unrichtigen Geister der Form, setzen voraus, daß das ganz richtig sei, daß der Mensch so ist.

Nun revoltiert dagegen – man kann sagen, Gott sei Dank – noch die kindliche Natur. Die läßt sich das noch nicht gefallen. Der spätere Mensch läßt es sich ja sehr gerne gefallen; die kindliche Natur revoltiert noch dagegen, insbesondere die jugendliche Natur revoltiert dagegen.

Wiederum haben wir einen der charakteristischen Punkte der heutigen Jugendbewegung und einen der charakteristischen Punkte, wo die heutige Pädagogik, ich möchte sagen, hellsichtig werden muß – oder wenigstens aus Hellsichtigkeit sich befruchten lassen muß –, damit nun wirklich erkannt werde, wie mit dem Menschen, wenn er heute geboren wird, der Keim zu der inneren Aktivität der Gedanken mitgeboren wird. Dann, wenn dieser Keim zur inneren Aktivität der Gedanken da ist, dann lernen wir vor allen Dingen eines, was heute die Menschen meist nicht können. Wissen Sie, was die Menschen heute nicht können? Sie können nämlich nicht alt werden. Und die Jugend, die möchte nämlich zu Führern altgewordene Menschen haben. Sie möchte nicht die Jugend selber zum Führer haben – wenn sie es auch sagt, da täuscht sie sich –, sie möchte zu Führern Leute haben, die richtig alt zu werden verstanden haben, die den lebendigen Keim der Gedankenentwickelung sich bis ins Alter mitführen. Wenn das die Jugend bemerken kann, dann folgt sie nämlich den Führern, denn da weiß sie, es haben ihr die Leute etwas zu sagen, wenn sie verstanden haben, in der richtigen Weise alt zu werden. Aber was trifft denn heute die Jugend? Sie trifft da lauter – ihresgleichen! Die Menschen haben nicht verstanden, alt zu werden, sind Kindsköpfe geblieben; sie wissen nicht mehr, als die Fünfzehn-, Sechzehnjährigen auch schon wissen. Da ist es ja kein Wunder, daß die Fünfzehn-, Sechzehnjährigen den Sechzig-, Siebzigjährigen nicht mehr folgen wollen, weil die ja nicht älter geworden sind. Sie haben gar nicht die Aktivität in den alten Körper hineinzutragen verstanden. Die Jugend wünscht richtig altgewordene Menschen, nicht bloß alt aussehende mit Runzeln und weißen Haaren und glatzigen Köpfen, die aber im Grunde genommen in alten Herzen so jung sind wie sie selber, sondern die Jugend will solche Menschenwesen, die verstanden haben, alt zu werden, also zugenommen haben mit dem Altwerden an Weisheit und Kraft.

Die Jugendbewegungsfrage würde leicht gelöst werden, wenn man sie eben in ihrer ganzen kosmischen Bedeutung erfassen würde, wenn man nämlich einmal gründlich Vorträge hielte über das Thema: Wie ist es heute möglich in der Welt, kein Kindskopf bis ins hohe Greisenalter zu bleiben? Das ist das Problem.

Den Nichtkindsköpfigen, den wirklich Altgewordenen, wird die Jugend sich tatsächlich in einer ganz selbstverständlichen Weise anschließen, wird sich mit ihnen zusammenfinden. Aber von ihresgleichen kann sie nichts lernen; sondern es kommt dem jungen Menschen nur grotesk vor, wenn er nun selber vielleicht achtzehn Jahre alt ist, vielleicht noch nicht so sehr viel gelernt hat – einiges hat er ja gelernt –, er hat noch volles schwarzes oder blondes Haar auf dem Kopfe und noch keine Runzeln, hat noch ein pausbäckiges Gesicht, hat noch nicht einmal einen Bart bekommen, schön, und nun, nicht wahr, soll er folgen einem andern, der innerlich gar nicht älter ist als er, aber der sieht so komisch aus, hat einen Glatzkopf, hat graue Haare, hat nicht mehr gelernt als er selber, aber das alles schaut anders aus! – Das ist im Grunde genommen der innerste Kern dieser Tatsache des Nichtzusammenfindens von Jugend und Alter.

Sie müssen das, was ich jetzt in einer humoristischen Weise versuchte zu sagen, nur in seiner ganzen seriösen, in seiner ganzen ernsten Bedeutung nehmen, dann werden Sie auch manches, was in der heutigen Zivilisation als eine große, bedeutsame, brennende Frage daliegt, unmittelbar ins seelische Auge fassen können.

Da ich es nicht gut übers Herz bringen kann – die nächsten drei Vorträge kann ich ja nicht halten, weil ich am Freitag schon in Stuttgart sein soll –, hier abzubrechen, so werde ich mir erlauben, am Donnerstag um acht Uhr einen Vortrag zu halten, aber nur für diejenigen, die ihn hören wollen.

SECHSTER VORTRAG

Dornach, 22. März 1923

Heute wollen wir uns zunächst einmal an die Angaben erinnern, die ich Ihnen über die eigentliche Natur, über die Wesenheit des menschlichen Denkens gemacht habe. Wir haben ja in dieser Gegenwart, seit dem so oftmals angeführten Zeitpunkte im 15. Jahrhundert, ein wesentlich abstraktes Denken, ein bildloses Denken, und die Menschheit ist ja stolz auf dieses bildlose Denken. Wir wissen, daß dieses bildlose Denken erst eingetreten ist in dem angedeuteten Zeitraume, daß früher ein bildhaftes und damit ein lebendiges Denken vorhanden war.

Nun wollen wir uns heute daran erinnern, was eigentlich die Natur und Wesenheit dieses Denkens ist, wie wir es heute haben. Wir konnten sagen: Die lebendige Wesenheit dieses Denkens lebte in uns in der Zeit zwischen dem Tode und der Geburt, durch die wir heruntergestiegen sind aus den geistigen Welten in die physische Welt. Da ist gewissermaßen die Lebendigkeit, die Wesenhaftigkeit des Denkens abgestreift worden, und wir tragen heute als Menschen des fünften nachatlantischen Zeitraumes eigentlich ein totes Denken in uns, den Leichnam jenes lebendigen, wesenhaften Denkens, das uns eigen ist zwischen dem Tode und einer neuen Geburt. Gerade dadurch, daß wir dieses tote, dieses unlebendige Denken in uns tragen, gerade dadurch sind wir ja als heutige Menschen durch das gewöhnliche Bewußtsein so stark in die Möglichkeit versetzt, das Leblose zu unserer Befriedigung zu begreifen, während wir als heutige Menschen keine Anlage haben, die Welt unserer Umgebung als lebendig zu erfassen.

Damit haben wir zwar als Menschen unsere Freiheit, unsere Selbständigkeit errungen, aber wir haben uns gewissermaßen auch gegenüber demjenigen in der Welt, was das fortlaufend Werdende ist, ganz abgeschlossen. Wir beobachten die Dinge um uns herum, die eigentlich nicht das fortlaufend Werdende sind, die nicht keimkräftig sind, sondern die eigentlich nur eine Gegenwart haben. Gewiß, man kann einwenden, daß der Mensch am Pflanzlichen, am Tierischen das Keimkräftige betrachtet; aber da täuscht er sich nur. Er betrachtet dieses

Keimkräftige auch nur, insofern es erfüllt ist von abgestorbenen Stoffen, er betrachtet auch das Keimkräftige nur wie ein Totes.

Wenn wir das besonders Eigentümliche dieser Anschauungsweise uns vor die Seele stellen wollen, so ist es eben dieses, daß in früheren Zeiträumen der Menschheitsentwickelung die Menschen überall in ihrer Umgebung ein Lebendiges, Keimkräftiges wahrgenommen haben, während sie heute überall nur das Tote aufsuchen und das Leben eigentlich auch nur aus dem Toten irgendwie begreifen wollen. Sie begreifen es ja doch nicht.

Damit aber ist der Mensch eingetreten in eine ganz merkwürdige Epoche seiner Entwickelung. Der Mensch betrachtet ja heute die Sinneswelt, ohne daß ihm – so wie ihm Farben, wie ihm Töne in der Sinneswelt gegeben sind – in ihr auch Gedanken gegeben wären. Sie wissen schon aus der Darstellung meiner «Rätsel der Philosophie», daß dem Griechen ebenso Gedanken gegeben waren, wie uns heute die Töne, die Farben. Wir nennen eine Rose rot; der Grieche nahm nicht nur die Röte der Rose wahr, sondern er nahm auch den Gedanken der Rose wahr, ein rein Geistiges nahm er wahr. Und dieses Wahrnehmen des rein Geistigen ist allmählich eben hingestorben mit dem Heraufkommen des abstrakten, des toten Denkens, das nur ein Leichnam ist des lebendigen Denkens, welches wir vor unserem Erdenleben gehabt haben.

Nun aber frägt es sich: Wie kommen eigentlich diese zwei Dinge zusammen? Wie kommen sie zusammen, wenn wir die Natur auffassen wollen, wenn wir uns eine Weltanschauung bilden wollen: draußen die Sinneswelt, in uns das tote Denken? – Das muß man sich nur einmal ganz klarmachen, daß wenn heute der Mensch der Welt gegenübersteht, er ihr mit einem toten Denken gegenübersteht. Aber ist denn der Tod auch draußen in der Welt? Wenigstens ahnungsvoll müßte sich der Mensch heute sagen: Der Tod ist ja gar nicht draußen in der Welt, in den Farben, in den Tönen scheint ja zum mindesten überall Lebendiges sich anzukündigen! – So daß für denjenigen, der die Sinne durchschaut, sich das ganz Merkwürdige herausstellt, daß ja der heutige Mensch, trotzdem er immerfort nur seine Aufmerksamkeit auf die Sinneswelt richtet, diese Sinneswelt denkend gar nicht begreifen kann, weil die toten Gedanken auf die lebendige Sinneswelt gar nicht anwendbar sind.

Machen Sie sich das nur einmal restlos klar. Der Mensch steht heute vor der Sinneswelt und glaubt, nicht über die Sinneswelt hinausgehen zu sollen mit seinen Ansichten. Aber was heißt denn das überhaupt für den heutigen Menschen, nicht über die Sinneswelt hinausgehen zu wollen? Das heißt, überhaupt verzichten auf alles Anschauen und alles Erkennen. Denn das Rote, das Tönende, das Wärmende wird ja gar nicht begriffen durch den toten Gedanken. Der Mensch denkt also in einem ganz andern Elemente, als in demjenigen, worinnen er eigentlich lebt.

Und so ist es merkwürdig, daß wir mit unserer Geburt in die Erdenwelt eintreten, aber ein Denken haben, das der Leichnam dessen ist, was wir vor dem irdischen Dasein hatten. Und die zwei Dinge will heute der Mensch zusammenbringen: er will den Rest, das Übriggelassene des vorirdischen Lebens anwenden auf das irdische Leben.

Und das ist es, was seit dem 15. Jahrhundert fortwährend als alle möglichen Denk- und Erkenntniszweifel heraufgestiegen ist. Das ist es, was die großen Verirrungen der Gegenwart ausmacht, das ist es, was den Skeptizismus, die Zweifelsucht in alle möglichen menschlichen Denkweisen hat einziehen lassen; das ist es, was macht, daß heute der Mensch überhaupt nicht mehr einen Begriff vom Erkennen hat. Es gibt ja nichts Unbefriedigenderes, als wenn wir im heutigen Stile gehaltene Erkenntnistheorien durchschauen. Die meisten Wissenschafter tun das gar nicht; sie überlassen das den einzelnen Philosophen. Da kann man ganz merkwürdige Erfahrungen machen.

Ich besuchte einmal – es war im Jahre 1889 in Berlin – den jetzt schon lange verstorbenen Philosophen *Eduard von Hartmann,* und wir sprachen über erkenntnistheoretische Fragen. Im Verlauf des Gespräches sagte er: Erkenntnistheoretische Fragen sollte man nicht drucken lassen, die sollte man überhaupt nur höchstens mit der Maschine vervielfältigen oder auf irgendeine andere Weise vervielfältigen, denn es gibt in Deutschland überhaupt höchstens sechzig Menschen, die mit erkenntnistheoretischen Fragen sich sachgemäß beschäftigen können.

Also denken Sie sich: unter jeder Million einen! Natürlich sind unter einer Million Menschen mehr als ein Wissenschafter oder wenigstens mehr als ein gebildeter Mensch. Aber mit Bezug auf das wirkliche Eingehen auf erkenntnistheoretische Fragen wird wahrscheinlich Eduard von Hartmann schon recht gehabt haben, denn wenn man absieht von den Kompendien, welche die Kandidaten an den Universitäten rasch durchhecheln müssen zu gewissen Prüfungen, so wird man nicht viele Leser für erkenntnistheoretische Schriften finden, wenn sie im heutigen Stile, aus der heutigen Denkweise heraus geschrieben sind.

Und so wird eben, möchte man sagen, fortgewurstelt. Man treibt Anatomie, Physiologie, Biologie, Geschichte und so weiter, kümmert sich nicht darum, ob man durch diese Wissenschaften auch wirklich das Reale erkennt, sondern man geht eben in dem Trott fort. Aber diese fundamentale Tatsache, die müßte eigentlich einmal der Menschheit ganz klarwerden: daß der Mensch in dem Denken, das gerade das abstrakte Denken ist, weil er es so lichtvoll hat, etwas im höchsten Sinne Überirdisches in sich trägt, während er im Erdenleben immer nur das Irdische um sich hat. Beide Dinge passen gar nicht zusammen.

Nun können Sie die Frage aufwerfen: Paßten denn die Gedankenbilder, die sich die Menschen früher gemacht haben, besser zu dem, was der Mensch innerlich hatte, wo er noch ein lebendiges Denken hatte? Und da muß man sagen: Ja. – Und dafür will ich Ihnen den Grund angeben.

Bei dem heutigen Menschen ist es doch so, daß er von seiner Geburt bis zum siebenten Jahre in dem Ausgestalten seines physischen Leibes lebt, daß er dann, indem er in dem Ausgestalten seines physischen Leibes lebt, bis zum siebenten Jahre dahin gekommen ist, nun auch seinen Ätherleib immer mehr und mehr auszugestalten; das geschieht vom
Tafel 7 siebenten bis zum vierzehnten Jahre. Dann gestaltet der Mensch seinen astralischen Leib aus, das geschieht vom vierzehnten bis einundzwanzigsten Jahre. Dann gestaltet er seine Empfindungsseele aus bis zum achtundzwanzigsten Jahre, dann bis zum fünfunddreißigsten Jahre die Verstandes- oder Gemütsseele, dann die Bewußtseinsseele. Dann kann man nicht mehr sagen, er gestaltet aus, aber er wird ausgestaltet, indem das Geistselbst, das ja erst in zukünftigen Zeiten entwickelt wird, aber dennoch an seiner Entwickelung jetzt schon Teil hat, vom zweiundvierzigsten Jahre an ausgebildet wird. Und dann geht es so weiter.

Nun ist dies ein außerordentlich wichtiger Zeitraum, vom achtundzwanzigsten bis fünfunddreißigsten Lebensjahr. Dieser Zeitraum hat sich für das menschliche Leben seit dem 15. Jahrhundert ganz wesentlich geändert. Bis zum 15. Jahrhundert haben die Menschen in dieser Zeit immer noch Einflüsse von dem umgebenden Weltenäther gehabt. Man kann sich heute schwer vorstellen – weil es eben ganz und gar nicht mehr der Fall ist –, wie die Menschen Einflüsse von dem umgebenden Weltenäther hatten. Sie hatten sie aber. Die Menschen machten gewissermaßen zwischen dem achtundzwanzigsten und fünfunddreißigsten Jahre, ich möchte sagen, eine Art Auflebe-Erfahrung in sich durch. Es war wie etwas, was sich neu belebte in ihnen. Mit diesen Wahrnehmungen hing ja das zusammen, daß man eigentlich in diesen älteren Zeiten den Menschen im achtundzwanzigsten Jahre zur Meisterschaft kommen ließ in irgendeinem Fache, weil er mit diesem achtundzwanzigsten Jahre erst in einer besonderen Weise – wenn auch natürlich nicht stark, aber in einer besonderen, schwachen Weise – wiederum auflebte. Er bekam einen neuen Impuls. Das ist deshalb gewesen, weil die ganze universelle, umfassende Ätherwelt, die ja uns alle außer der physischen Welt umgibt, auf den Menschen wirkte.

In den ersten sieben Lebensjahren, da wirkte sie durch die Vorgänge, die sich im physischen Leibe abspielten, hindurch, nicht direkt wirkte sie auf den Menschen. Und so wirkte sie auch noch nicht bis zum vierzehnten Jahre direkt, ja, nicht bis zum achtundzwanzigsten Jahre, wo sie noch das Empfindungsleben zu passieren hatte. Aber als der Mensch dann in das Verstandes- oder Bewußtseinsleben der damaligen Zeit eintrat, da wirkte der Äther neu belebend auf ihn.

Das haben wir verloren. Wir wären auch niemals zu der heutigen Selbständigkeit des individuell-persönlichen Menschen gekommen, wenn wir dieses nicht verloren hätten. Und mit diesem hängt es zusammen, daß die ganze innere Seelenverfassung des Menschen seit jener Zeit eben eine andere geworden ist.

Da müssen Sie schon einen Begriff aufnehmen, der vielleicht für das heutige Denken außerordentlich schwierig ist, aber der trotzdem auch wiederum außerordentlich wichtig ist.

Nicht wahr, im physischen Leben, da sind wir uns ganz klar darüber: Dasjenige, was erst in der Zukunft geschieht, das ist heute noch nicht da. Das ist aber im ätherischen Leben nicht so. Im ätherischen Leben ist die Zeit gewissermaßen eine Art Raum, und das, was einmal da sein wird, wirkt auch schon auf das Vorhergehende, wie auch auf das Nachfolgende. Aber das ist nicht wunderbar, denn das tut es im Physischen auch.

Wenn man die Goethesche Metamorphosenlehre wirklich versteht, so wird man sich sagen: In der Wurzel wirkt schon die Blüte der Pflanze. – Das tut sie auch. Und so ist es für alles, was im Ätherischen ist. Da wirkt das Zukünftige schon im Vorhergehenden. So ist es, daß dieses Offensein des Menschen gegenüber der ätherischen Welt schon im Vorhergehenden, zurück bis zur Geburt noch, vorzugsweise auf die menschliche Gedankenwelt wirkt. Dadurch hatte der Mensch wirklich eine andere Gedankenwelt, als er sie in demjenigen Zeitraum hat, der der unsrige ist, wo eben nicht mehr dieses Tor zwischen dem achtundzwanzigsten und fünfunddreißigsten Jahre offen ist, wo dieses Tor geschlossen ist. Der Mensch hatte lebendige Gedanken. Die machten ihn unfrei, aber sie machten zu gleicher Zeit, daß er in einer gewissen Weise mit seiner ganzen Umgebung zusammenhing, daß er sich lebendig in der Welt fühlte.

Heute fühlt sich der Mensch eigentlich nur in der toten Welt. Er muß sich in der toten Welt fühlen, weil die lebendige Welt, wenn sie in ihn hereinwirken würde, ihn unfrei machte. Nur dadurch, daß die tote Welt, die nichts in uns will, nichts in uns bestimmen kann, nichts in uns verursachen kann, in uns hereinwirkt, sind wir freie Menschen.

Aber auf der andern Seite muß man sich auch darüber klar sein, daß der Mensch gerade durch dasjenige, was er jetzt in voller Freiheit in seinem Inneren hat, durch seine Gedanken, die aber tot sind, kein Verständnis für das umliegende Leben gewinnen kann, sondern nur für den umliegenden Tod.

Wenn nun in dieser Seelenverfassung keine Veränderung eintreten würde, dann würde die Kultur- und Zivilisationsmißstimmung, die ja so deutlich immer mehr und mehr heraufzieht, immer größer und größer werden müssen, und der Mensch würde eigentlich in bezug auf die innere Sicherheit und Festigkeit seiner Seelenverfassung immer mehr und mehr verflachen müssen. Das würde sich schon viel mehr zeigen, wenn die Menschen unmittelbar auf dasjenige achteten, was sie heute aus dem heraus wissen können, wovon man sagt, daß es sicher ist. Aber sie achten noch nicht darauf. Sie beruhigen sich noch mit alten, traditionellen religiösen Vorstellungen, die sie nicht mehr verstehen, die sich aber fortgepflanzt haben. Bis in die Wissenschaften hinein beruhigen sich die Menschen mit solchen Vorstellungen. Gewöhnlich weiß man gar nicht, wenn man irgendeine Wissenschaft treibt, wie man im Grunde genommen da, wo man anfängt zu begreifen, noch an den alten, traditionellen Vorstellungen festhält, während die neueren Vorstellungen, die nur abstrakte, tote Gedanken sind, überhaupt an das Lebendige gar nicht mehr herankommen.

Der Mensch ist in der Tat früher dadurch, daß der Äther in ihn hereingewirkt hat, auch mit dem Lebendigen der Sinneswelt in Beziehung gekommen. In derjenigen Zeit, wo der Mensch noch an die geistige Welt geglaubt hat, konnte er auch die Sinneswelt begreifen. Heute, wo er nur mehr an die Sinneswelt glaubt, ist gerade das Eigentümliche, daß seine Gedanken am allergeistigsten sind, wenn auch tot. Es ist eben toter Geist. Aber der Mensch ist sich dessen nicht bewußt, daß er eigentlich heute mit der Erbschaft dessen, was er vor dem irdischen Leben hatte, in die Welt hineinschaut. Hätte er noch lebendige Gedanken, durch den Äther ringsherum belebt, so könnte er in das Lebendige seiner Umgebung hineinschauen. Da er aber von seiner Umgebung nichts mehr empfängt, sondern nur das hat, was er aus einer geistigen Welt geerbt hat, kann er die umliegende physische Welt nicht mehr verstehen.

Das ist wirklich eine scheinbar paradoxe, aber außerordentlich wichtige Tatsache, die auf die Frage antwortet: Warum sind denn die heutigen Menschen Materialisten? – Sie sind deshalb Materialisten, weil sie zu geistig sind. Sie würden überall die Materie verstehen können, wenn sie das Lebendige, das in aller Materie lebt, erfassen könnten. Da sie aber mit ihrem toten Denken dem Lebendigen gegenüberstehen, machen die Menschen dieses Lebendige selbst zum Toten, sehen überall den toten Stoff; und weil sie zu geistig sind, weil sie in sich nur das haben, was sie vor ihrer Geburt hatten, deshalb werden sie Materialisten. Man wird nicht Materialist, weil man den Stoff erkennt – man erkennt ihn eben nicht –, sondern man wird Materialist, weil man eigentlich gar nicht auf der Erde lebt.

Und wenn Sie sich fragen: Warum sind diese ausgepichten Materialisten wie *Büchner*, der dicke *Vogt* und so weiter, warum sind die so starke Materialisten geworden? – Weil sie zu geistig waren, weil sie eigentlich gar nichts, was sie mit dem Erdenleben verband, in sich gehabt haben, sondern nur das in sich gehabt haben, was sie vor ihrem Erdenleben erlebt hatten, aber erstorben. Es ist wirklich ein tiefes Geheimnis, diese merkwürdige Erscheinung der Menschheitszivilisation, dieser Materialismus.

Nun kann der Mensch in diesem Zeitraum nicht anders über die toten Gedanken hinüberkommen – weil sie ihm nicht mehr von außen, von dem Äther belebt werden – als dadurch, daß er sie selber belebt. Und das kann er nur tun, indem er das Lebendige, wie es in der Anthroposophie gemeint ist, in seine Gedankenwelt aufnimmt, die Gedanken belebt, und wiederum unabhängig untertaucht in das Lebendige gerade der Sinneswelt. Also der Mensch muß sich innerlich selber beleben. Die toten Gedanken muß er durch innerliche Seelenarbeit beleben, und er wird über den Materialismus hinauswachsen.

Dann wird der Mensch anfangen, überhaupt die Dinge seiner Umgebung in einer andern Weise zu beurteilen. Und von solchen Beurteilungsmöglichkeiten haben Sie ja auch von diesem Orte aus hier schon das Verschiedenste gehört.

Wollen wir uns einmal heute ein besonderes Kapitel vor Augen stellen. Da sehen wir in unserer Umgebung, sagen wir, die Pflanzenwelt. Wir wissen von einem großen Teile der Pflanzenwelt: Tiere und Menschen können diese Pflanzen genießen; sie werden in ihnen durch die Ernährung, durch die Verdauung verarbeitet. Sie können sich in der Weise, wie man das gewöhnlich andeutet, mit der tierischen, mit der menschlichen Organisation vereinigen. Nun treffen wir plötzlich auf eine Giftpflanze, sagen wir, auf das Gift, das im Bilsenkraut oder in der Belladonna ist. Wir müssen uns fragen: Was liegt denn da eigentlich vor? Da treffen wir plötzlich mitten in dem andern Pflanzenwachstum etwas, was sich nicht mit der tierischen und menschlichen

Organisation so vereinigt, wie das andere, das im Pflanzenleben wirkt.

Machen wir uns einmal klar, worauf denn das Pflanzliche beruht. Ich habe ja das schon öfter angedeutet. Wir stellen uns die Erdoberfläche vor. Die Pflanze wächst aus der Erdoberfläche heraus. Wir wissen, die Pflanze hat ihre physische Organisation. Sie ist von ihrem Ätherleib durchdrungen. Aber die Pflanze würde sich nicht entfalten können, wenn sie nicht, wie ich das öfter schon dargestellt habe, von oben herunter zur Blüte hin berührt würde von dem astralischen Elemente, das überall ausgebreitet ist (siehe Zeichnung, lila). Die

Tafel 7

Pflanze hat nicht einen astralischen Leib in sich, aber das Astralische berührt überall die Pflanze. Die Pflanze nimmt in der Regel das Astralische nicht in sich auf, sie läßt sich nur berührt werden davon. Sie verarbeitet in sich das Astralische nicht. Sie lebt nur in einer Wechselwirkung; nach oben, nach dem Blühenden und Fruchtenden zu lebt sie in einer Wechselwirkung mit dem Astralischen. Das Astralische verbindet sich nicht mit dem Ätherleib oder mit dem physischen Leib der Pflanze, in der Regel.

Bei der Giftpflanze ist es anders. Bei der Giftpflanze liegt das Eigentümliche vor, daß das Astralische in das Pflanzliche eindringt und sich mit dem Pflanzlichen verbindet. So daß, wenn wir die Belladonna haben, oder sagen wir das Bilsenkraut, Hyoscyamus, dann saugt gewissermaßen solch eine Pflanze das Astralische stärker oder schwächer auf und trägt ein Astralisches in sich; natürlich auf eine ungeordnete Weise, denn trüge sie es in geordneter Weise in sich, müßte sie ja Tier werden. Sie wird nicht Tier, sie trägt das Astralische in einer Art gepreßten Zustandes in sich.

Dadurch stellt sich ein besonderes Wechselverhältnis ein zwischen dem, was da in einer astralisch gesättigten Pflanze und in dem tierischen und menschlichen Organismus vorhanden ist. Essen wir Pflanzen, die nicht giftig sind, wie man sagt, so nehmen wir nicht nur das von der Pflanze auf, was, ich möchte sagen, der Chemiker im Laboratorium von der Pflanze verarbeitet, wir nehmen nicht bloß das Stoffliche auf, wir nehmen auch das Ätherische, Lebenskräftige auf, müssen es allerdings, wie ich ja auch hier einmal ausgeführt habe, gerade während unseres Ernährungsprozesses zur vollständigen Tötung bringen. Das ist ja notwendig, daß der Mensch, indem er sich nährt aus dem Lebendigen, das Lebendige dann in sich selber zur vollständigen Tötung bringt. Er muß also in sich das Ätherische aus dem Pflanzlichen herausarbeiten.

Nun haben wir im unteren Menschen, in dem Stoffwechselmenschen, diesen merkwürdigen Prozeß: Wir genießen die Pflanze, das Pflanzlich-Stoffliche – es ist auch noch beim Gekochten das der Fall, aber insbesondere stark der Fall, wenn wir rohe Birnen oder rohe Äpfel oder rohe Beeren essen –, wir pressen das Ätherische heraus und nehmen in unseren eigenen Ätherleib das Kraftgebilde auf, welches der Pflanze zugrunde liegt. Die Pflanze hat ja eine bestimmte Form, eine bestimmte Gestalt. Diese Gestalt, die wir da aufnehmen – das zeigt sich dem hellseherischen Bewußtsein –, die ist sogar nicht immer gleich der Gestalt, die wir äußerlich sehen. Es ist etwas Verschiedenes. Es quillt die Gestalt der Pflanze in uns auf, und sie paßt sich in einer merkwürdigen Weise dem menschlichen Organismus an.

Nun tritt etwas sehr Eigentümliches auf. Denken Sie sich also – man muß natürlich dabei etwas paradox reden, aber die Dinge sind doch so richtig –, nehmen Sie an, Sie essen Kohl, so ist da im unteren Menschen ein ganz bestimmtes Gebilde zunächst aufleuchtend (blau). Es besteht

Tafel 8

eine Tätigkeit im Stoffwechselmenschen, im unteren Menschen, die die Folge ist davon, daß der Mensch diesen Kohl gegessen hat.

In demselben Maße, in dem diese Tätigkeit im unteren Menschen auftritt durch das Kohlessen, entsteht im oberen Menschen, im Kopfmenschen, das Negativ davon, ich möchte sagen, der leere Raum, der dem entspricht, ein Abbild, ein richtiges Negativ. Wenn ich also, sagen

Tafel 8

wir, die Form, die da unten entsteht, so zeichne, dann entsteht im oberen Menschen ein Abbild (blau, rot), ein Hohlgebilde. Es ist tatsächlich so, der Kohl erzeugt in uns eine bestimmte Form, und das Negativ davon, das entsteht in unserem Kopf.

Und in dieses, ich möchte sagen, Negativ des Kohles nehmen wir nun die äußere Welt auf. Die kann uns ihre Eindrücke hereingeben, weil wir so gewissermaßen den leeren Raum in uns tragen – es ist natürlich alles nur approximativ ausgedrückt –, und so wirken alle Pflanzen, die Nährmittel sind, in uns.

Nehmen Sie an, wir haben das, was man gewöhnlich Nährmittel nennt, aufgenommen, so besteht der Zusammenhang ihrer Form nur insoweit intensiv, daß wir ihn fortwährend im Laufe von vierundzwanzig Stunden auflösen müssen. Einmal Wachen und Schlafen löst ihn auf. Er muß immer wieder neu gebildet werden. Das ist bei denjenigen Pflanzen der Fall, die in ihrem natürlichen Wachstum physischen Leib und Ätherleib haben und sich gewissermaßen von dem Astralischen nur umspülen lassen.

Nehmen wir aber an, wir nehmen den Saft des Bilsenkrautes zu uns. Da haben wir eine Pflanze, die in sich das Astralische aufgesaugt hat, und die dadurch, daß sie das Astralische aufgesaugt hat, einen viel stärkeren Formzusammenhang hat, so daß da unten eine viel festere Form entsteht, die wir nicht so leicht verarbeiten können, die sich sogar als selbständig geltend macht. Dadurch entsteht ein ausgesprocheneres, intensiver wirkendes Negativ.

Und nehmen wir jetzt an, irgendein Mensch hat ein seine Struktur nicht ordentlich aufrechterhaltendes Gehirn, er neigt zu Dämmerzuständen, weil sein astralischer Leib nicht fest genug im physischen Leib des Gehirnes drinnen ist. Er nimmt den Saft des Bilsenkrautes zu sich; dadurch entsteht eine intensive Pflanzenform, die ein starkes Negativ bildet. Und so können in dem Menschen, dessen Gehirn gewissermaßen zu weich ist, dadurch, daß man den Ätherleib seines Unterleibes verstärkt, eine starke Form durch das Bilsenkraut da hineinbringt, deutliche Gedanken in ihm entstehen, der Dämmerzustand kann abdämmern. Ist er dann in seiner übrigen Organisation stark genug, um – wenn er das öfter gegen seine Dämmerzustände als Arznei verordnet bekommt – seine entsprechenden Lebenskräfte aufzurufen, so daß diese dadurch wieder reger gemacht werden und sein Gehirn wieder in Ordnung kommt, dann kann er durch ein solches Gift eben über seine Neigung zu Dämmerzuständen wieder hinausgebracht werden.

In einer ganz ähnlichen Weise wirkt zum Beispiel die Belladonna auf den Menschen. Die Belladonna wirkt durchaus so, daß folgendes eintritt. Ich möchte es schematisch zeichnen. Durch den Belladonnagenuß – der ja kein «Genuß» ist natürlich – wird der Ätherleib von einem starken Gerüste durchzogen. Wenn sie also in einer entsprechen-

Tafel 8

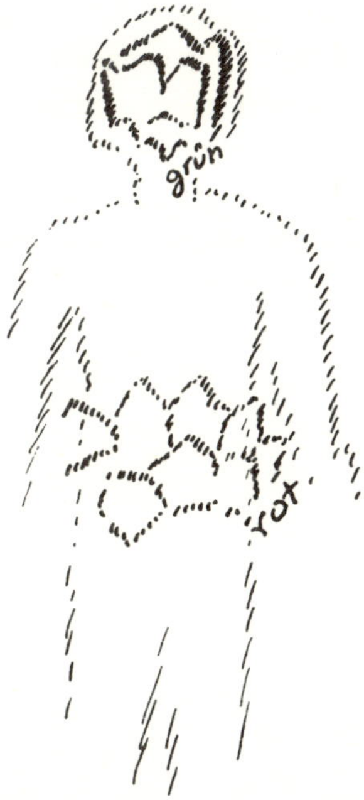

den Dosis genommen wird, so daß der Mensch sie vertragen kann – aber man kann ja überhaupt nur durch eine Arznei geheilt werden, wenn man sie ertragen kann –, so wird also gewissermaßen dem Ätherleib des Unterleibes ein starkes Gerüste eingebaut. Dieses starke Gerüste erzeugt richtig sein Negativ im Kopfe. Und auf dieser Wechselwirkung des Positivs und Negativs beruht der Heilungsprozeß, auf den man bei der Belladonna rechnet.

Sie müssen sich nur darüber klar sein, daß, wenn man zu solchen Wirkungen kommt, man die räumliche Verteilung nicht mehr braucht. Der heutige Mensch mit seinem toten, aber massiven Verstande, kann sich nur denken: wenn in seinem Bauch etwas vorgeht, dann kann es nur dadurch ins Gehirn kommen, daß es sichtbarlich hinauffließt. Das ist aber nicht der Fall, sondern Prozesse des Unterleibes rufen als ihr Gegenbild Prozesse des Kopfes hervor, ohne daß eine räumliche Verteilung da ist. Man kann es durchaus, wenn man den Ätherleib zu beobachten vermag, sehen, wie es im Ätherleib des Unterleibes hell wird, hell aufglänzt in regelmäßiger Gestalt (rot), wie es im Kopfe dunkel wird (grün), aber die Form nachgebildet wird als Negativ, ohne daß eine räumlich-physische Verteilung da ist.

Daß die Natur überall nach solchen Dingen strebt, das können Sie sich ja versinnbildlichen. Sie wissen, nicht wahr, eine anständige Wespe hat vorn eine Art Kopf, dann eine Art Hinterleib und die Flügel. Das ist eine anständige Wespe. Aber es gibt auch Wespen, Sandwespen, welche so ausschauen (Zeichnung unten):

Tafel 8

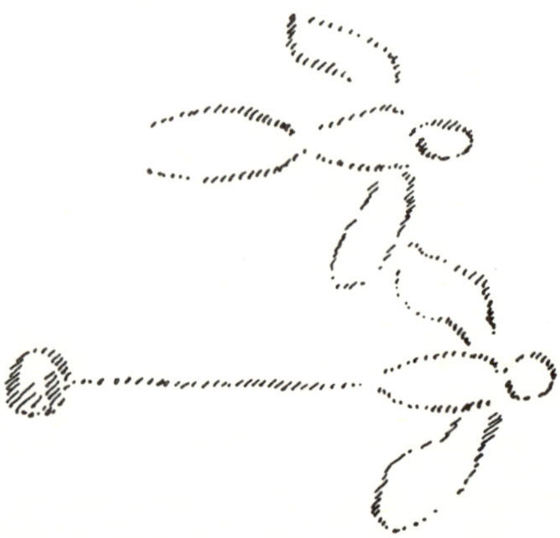

Sie haben hier einen Stiel und schleppen dahinten ihren Hinterleib nach. Da ist schon im Physischen diese Verbindung zwischen dem Vorderleib und dem Hinterleib auf ein Minimum reduziert; dieser Stiel ist sehr reduziert.

Sobald man ins Geistige hineinkommt, braucht es gar keines so sichtbaren Stieles. Und wenn Sie zu gewissen Elementarwesen in der elementarischen Welt kommen – Sie wissen, ich habe ja neulich von den Elementarreichen gesprochen –, da sehen Sie zum Beispiel irgendein Wesen, dann ist nichts da, weit weg ist etwas anderes, und nach und nach kommen Sie erst darauf: die gehören zusammen; wo das eine hingeht, geht das andere hin. So daß Sie also da in die ganz merkwürdige Lage kommen – in der elementarischen Welt kann es so sein –, da haben Sie irgendwo ein Stück eines elementar-ätherischen Organismus, und hier das andere Stück, jetzt einen nächsten Zustand (siehe Zeichnung unten) zum Beispiel so: der hat sich umgedreht, aber da ist nicht ein Stiel oder ähnliches und das ist nicht etwa so, daß wenn das eine Stück sich umdreht, das andere einfach direkt daherlaufen könnte, sondern es muß den Weg machen, den das andere gemacht hat.

Tafel 7

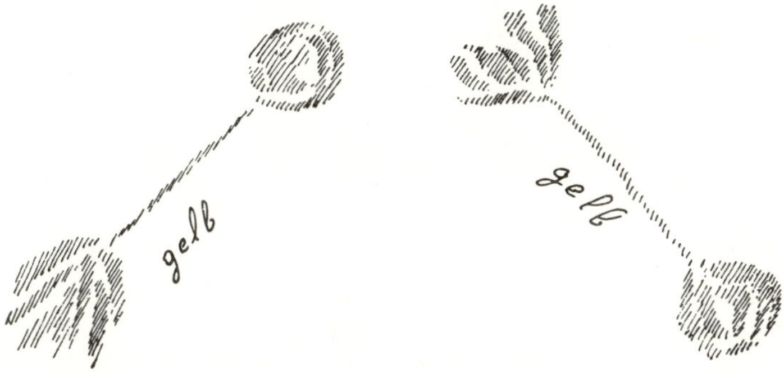

Sie sehen also, es handelt sich darum, daß man in der Tat einen Zusammenhang finden kann für diejenigen Stoffe, die der menschliche und tierische Organismus nicht unmittelbar zerstören kann, die intensivere, bleibendere – wenn ich mich so ausdrücken darf – Gerüste erzeugen, daß man einen Zusammenhang finden kann mit dem, was dann an einem ganz andern Ort des menschlichen Organismus wiederum Struktur hervorrufend, organisierend, gesundend mit andern Worten, wirken kann.

Das gibt Ihnen nun einen Ausblick, wie die Welt wiederum belebt werden kann für die Beobachtung des Menschen. Der Mensch hat dadurch, daß er nur die Erbschaft aus der geistigen Welt heute hat, keine Möglichkeit, an die lebendige Umgebung heranzukommen. Gerade die Sinneswelt begreift er eigentlich nicht. Er wird sie wieder begreifen, er wird wiederum hinschauen auf dasjenige, was das sinnliche Denken in bezug auf das ganze Weltenall ist. Dann wird er aus dem ganzen Weltenall heraus finden, warum die Dinge in diesem oder jenem Zusammenhang stehen, warum also eine giftlose Pflanze zum menschlichen und tierischen Leibe in einem andern Zusammenhang steht als eine giftige Pflanze. Eine Belebung des ganzen menschlichen Daseins ist nur auf diese Weise möglich.

Nun kann es ja dem heutigen Bequemling so vorkommen, daß er sagt: Die früheren Menschen haben es doch besser gehabt, auf die hat noch die Umgebung des Äthers gewirkt, die haben lebendige Gedanken gehabt, die haben noch so etwas begriffen, wie den wirklichen Unterschied zwischen giftigen und giftlosen Pflanzen. – Sie wissen, die Tiere tun das heute noch, denn bei denen kommen nicht abstrakte Gedanken, die sie von der Welt loslösen können. Daher unterscheiden die Tiere, wie man sagt, aus ihrem Instinkte heraus die giftigen von den giftlosen Pflanzen.

Ja, aber der Mensch wäre – das muß immer wieder und wieder betont werden – nicht zum Gebrauche seiner Freiheit gekommen. Denn dasjenige, was uns in uns lebendig hält bis zum Gedanken hin, beraubt uns der Freiheit. Wir müssen, so paradox das klingt, in bezug auf die Gedanken früherer Erdenleben geradezu ein Nichts werden, dann können wir frei werden. Und wir werden ein Nichts, wenn wir die lebendigen Gedankenwesen, die wir im vorirdischen Dasein hatten, nur als Leichname in uns hereinkriegen, das heißt in ihrem Nichtdasein in uns hereinkriegen. Wir gehen also eigentlich herum mit unseren abgestorbenen Gedanken in bezug auf unser Seelisches in unserem wachen Erdenzustande als Nichtse. Und aus den Nichtsen heraus wird im Grunde erst unsere Freiheit.

Die läßt sich schon verstehen. Aber wir können nichts erkennen, wenn wir kein Lebendiges in uns tragen. Wir können das Tote erkennen, aber das Tote bringt uns ja keinen Schritt weiter in unserem lebendigen Verhältnis zur Welt. Und so müssen wir gegenüber der Unterbrechung im Erkennen, die eingetreten ist, unsere Freiheit bewahrend wiederum zu einem Erkennen kommen, indem wir nun im irdischen Leben beginnen, durch menschliches Wollen wiederum unsere Gedanken zu beleben. Dann können wir jeden Moment unterscheiden: dies sind lebendige, das sind tote Gedanken. Wenn wir zu den reinen Gedanken aufsteigen – das habe ich in meiner «Philosophie der Freiheit» beschrieben –, können wir freie Menschen sein. Wenn wir die Gedanken erfühlen, werden wir zwar aus der Freiheit heraustreten, aber dafür auch mit der Umgebung wiederum in Zusammenhang kommen. Wir werden der Freiheit teilhaftig durch das Bewußtsein, daß wir fähig sind, zum reinen Gedanken immer mehr hinzugehen, aus ihm in moralischer Intuition die moralischen Impulse zu entnehmen.

Wir werden dadurch freie Menschen, müssen aber dadurch auch unser inneres Seelenleben, unsere Seelenverfassung uns erst durch unsere eigene irdische Tat einrichten. Dann können wir allerdings die Folgen dieser irdischen Tat durch die Pforte des Todes in die geistige Welt hineinnehmen. Denn was individuell erarbeitet ist, geht eben im Weltenall nicht verloren.

Nun, meine lieben Freunde, ich habe Ihnen vielleicht heute einiges Schwierige zugemutet, aber Sie sehen ja aus der Betrachtung auch, daß wir in der Tat der Welt dadurch näherkommen, daß wir den Menschen verstehen lernen, und namentlich die Verhältnisse auch des physischen Menschen – des scheinbar physischen Menschen, denn er ist ja nicht ein physischer Mensch, er ist immer durchdrungen von den höheren Gliedern des Organismus – zu dem andern der sich physisch offenbarenden Welt, wie wir das an den Giftpflanzen kennengelernt haben.

Nun ist es doch so gekommen, daß ich morgen noch da sein muß, und daher kann ich für diejenigen, die das hören wollen, auch noch morgen abends um acht Uhr einen Vortrag halten.

SIEBENTER VORTRAG

Dornach, 23. März 1923

Als das Wesentliche unserer Gegenwart innerhalb der Menschheitsentwickelung hat sich uns ergeben der Besitz des Erdenmenschen an abstrakten Gedanken, das heißt für uns toten Gedanken, an Gedanken, die in uns so ihr Dasein führen, daß sie eigentlich die Überbleibsel sind des lebendigen Wesens der Seele im vorirdischen Dasein.

Mit dieser Entwickelungsstufe der Menschheit zu abstrakten, das heißt toten Gedanken hin, ist verknüpft – wie ich des öfteren auseinandergesetzt habe – das Erringen des Freiheitsbewußtseins innerhalb der Menschheitsentwickelung. Wollen wir heute einmal gerade auf diese Seite der Sache ein besonderes Augenmerk wenden. Wir können das, indem wir den ganzen Hergang der Menschheitsentwickelung in der nachatlantischen Zeit ein wenig betrachten.

Sie wissen, daß nach der großen atlantischen Katastrophe sich nach und nach die Gliederung der Erdenkontinente ergeben hat, wie wir sie heute kennen, und daß sich auf dieser Verteilung des festen Landes auf der Erde oder innerhalb der Verteilung des festen Landes auf der Erde nach und nach fünf aufeinanderfolgende Kultur- oder Zivilisationsperioden entwickelt haben, die ich in meiner «Geheimwissenschaft im Umriß» die urindische, die urpersische, die ägyptisch-chaldäische, die griechisch-lateinische und unsere gegenwärtige fünfte Zivilisationsepoche genannt habe.

Diese fünf Zivilisationsepochen unterscheiden sich ja dadurch, daß der Mensch als Gesamtwesen in jeder von ihnen in einer andern Verfassung ist. Wenn wir auf die älteren Zivilisationsepochen zurückgehen, so drückt sich diese Verfassung auch im ganzen Äußeren des Menschen aus, in den, ich möchte sagen, körperlichen Offenbarungen des Menschen. Und je mehr wir in die spätere Zeit, also näher unserer Zivilisationsepoche kommen, um so mehr drückt sich das, was wir den Fortschritt der Menschheit nennen können, in der Seelenverfassung aus. Wir haben ja das, was hierauf bezüglich ist, öfter geschildert. Ich will es heute von einem bisher weniger berücksichtigten Gesichtspunkte aus schildern.

Wenn wir in die erste, urindische Zivilisationsepoche zurückgehen, die sich, ich möchte sagen, noch halb aus der atlantischen Katastrophe heraus ergeben hat, so finden wir, daß der Mensch sich in dieser Zeit viel mehr als ein Bürger des außerirdischen Kosmos fühlt, denn als ein Erdenbürger. Und wenn wir auf Einzelheiten des damaligen Lebens eingehen, das ja, wie ich Ihnen schon öfter angedeutet habe, in das 7., 8. Jahrtausend der vorchristlichen Zeit zurückführt, so müssen wir namentlich das betonen, daß nicht aus einer intellektuellen Betrachtung – die gab es ja natürlich damals nicht –, aber aus einem tief instinktiven Empfinden heraus in diesen sehr alten Zeiten der Menschheitsentwickelung ein großer Wert gelegt wurde auf das Äußere, auf das Exterieur des Menschen. Nicht als ob diese Leute der alten Zeit etwa physiognomische Studien getrieben hätten; das lag ihnen natürlich ganz ferne. So etwas gehört erst Zeitaltern an, in denen der Intellektualismus, wenn auch noch nicht vollkommen ist, doch schon heraufdämmert. Aber sie haben ein feines physiognomisches Empfinden gehabt. Sie haben tief gefühlt, diese Menschen: Wenn einer den oder jenen Gesichtsausdruck hat, so deutet das darauf hin, daß er auch diese oder jene musikalischen Eigenschaften hat. Sie gaben sehr viel darauf, die musikalische Wesenheit des Menschen aus seinem Gesichtsausdruck, aber auch aus seinen Gesten, aus seiner ganzen Menschenoffenbarung heraus, ich möchte fast sagen, zu erraten. Nach einer bestimmteren Art des Erkennens strebte man ja für das allgemein Menschliche in jener alten Zeit nicht. Gar kein Verständnis hätten die Menschen damals gehabt, wenn man ihnen gekommen wäre damit, irgend etwas solle bewiesen werden. Das hätte sie geniert, das hätte ihnen fast physisch wehe getan, ja, in älteren Zeiten wirklich physisch wehe getan. Beweisen, das ist so, wie wenn einen jemand mit Messern bearbeiten will –, so hätten diese Menschen gesagt. Warum soll man denn beweisen? Man braucht ja nichts so Sicheres über die Welt zu wissen, das man erst bewiesen haben muß.

Das hängt damit zusammen, daß diese Menschen noch das lebendigste Empfinden hatten, sie kommen alle vom vorirdischen Dasein aus der geistigen Welt heraus. In der geistigen Welt, wenn man drinnen ist, beweist man nicht. Da weiß man: Das Beweisen ist eine Angelegenheit, die auf Erden ja ihren guten Sinn hat, aber in der Welt des Geistigen beweist man nicht. Da würde es einem so vorkommen, wenn man beweisen wollte, als ob man, sagen wir, ein bestimmtes Maß hätte: ein Mensch darf so oder so lang sein –, und man macht es dann so, wie nach der Prokrustes-Sage: Demjenigen, der zu lang ist, schneidet man etwas ab, und denjenigen, der zu kurz ist, den dehnt man etwas aus. So etwa würde im ganzen Zusammenhang der geistigen Welt das Beweisen sein. Da sind die Dinge nicht so, daß sie sich schnitzeln lassen in Beweise hinein. Da sind die Dinge innerlich beweglich, innerlich flüssig.

Und einem Inder der urindischen Zeit mit seinem starken Bewußtsein: Ich bin herabgestiegen aus der geistigen Welt, ich habe dieses äußere menschliche Wesen nur um mich herumgelegt –, einem solchen Inder würde es ganz kurios vorgekommen sein, wenn man an ihn irgendwie die Zumutung gestellt hätte, etwas solle bewiesen werden. Diese Leute haben vielmehr das, was wir heute «Erraten» nennen, geliebt. Sie haben es deshalb geliebt, weil sie auf dasjenige aufmerksam sein wollten, was sich in ihrer Umgebung zeigte. Und in dieser Tätigkeit des Erratens haben sie eine gewisse innere Befriedigung gefunden.

Und ebenso haben sie einen gewissen Instinkt gehabt, aus diesem oder jenem Gesicht auf einen klugen Menschen, aus einem andern Gesicht auf einen törichten Menschen zu schließen, aus einer Statur zu raten auf, sagen wir, Phlegma und dergleichen. Das Erraten war dasjenige, was man dazumal hatte an Stelle dessen, was wir heute beweisendes Erkennen nennen. Und im menschlichen Verkehr lief das ganze gegenseitige Verhalten darauf hinaus, aus dem Seelischen, aus der Geste, aus der Statur des Menschen, aus der Art und Weise wie er ging, darauf zu schließen, was er eigentlich für eine moralische Qualität hatte.

In der ersten Epoche des urindischen Wesens gab es ja das nicht, was später Kasteneinteilung war. Da gab es im Zusammenhange mit dem urindischen Mysterienwesen durchaus sogar eine Art sozialer Gliederung der Menschen nach den Physiognomien, nach den Gesten. Diese Dinge waren in älteren Zeiten der Menschheitsentwickelung eben möglich, denn die Menschen hatten auch einen gewissen Instinkt, solchen

Gliederungen zu folgen. Das, was später innerhalb der indischen Zivilisation sich als Kastenbildung ergeben hat, das war, ich möchte sagen, schon eine Art schematischer Einteilung einer viel individuelleren Gliederung, die man ursprünglich nach der instinktiv gefühlten Physiognomie hatte. Und die Menschen fühlten sich in jenen alten Zeiten nicht verletzt, wenn sie – wenn ich mich so ausdrücken darf – nach ihrem Gesichte da oder dort hingestellt wurden, denn sie fühlten sich eben durchaus als gottgegebene Erdenwesen. Und die Autorität, die denen zukam, die aus den Mysterien heraus solch eine Gliederung besorgten, diese Autorität war eine ungeheure.

Erst in den späteren nachatlantischen Zivilisationsepochen hat sich allmählich dann das Kastenwesen herausgebildet aus Voraussetzungen, die ich in andern Vorträgen auch schon angegeben habe. Man hatte eben in jener älteren Zeit, in jener urindischen Epoche, ein starkes Gefühl davon, daß der Mensch zugrunde liegend hat eine göttliche Imagination.

Ich habe Ihnen viel erzählt von dem, wie es ursprünglich eine Art instinktiven Hellsehens, traumhaften Hellsehens gegeben hat. Aber wenn wir in ganz alte Zeiten der nachatlantischen Periode zurückgehen, dann sagten die Menschen nicht nur, sie sehen traumhafte Imaginationen, sondern sie sagten: In der besonderen Konfiguration, die der physische Leib des Menschen hat, wenn der Mensch das Erdendasein betritt, lebt eine göttliche Imagination. Dem Menschen, der auf die Erde herabsteigt, wird eine göttliche Imagination zugrunde gelegt. Danach bildete er dann von der Kindheit auf seine Physiognomie, danach bildete er überhaupt den ganzen physischen Ausdruck seines Menschen.

Also man sah nicht nur instinktiv, wie ich es eben angedeutet habe, auf das Physiognomische hin, sondern man sah in dem Physiognomischen die Imagination der Götter. Man sagte sich: Die Götter haben Imaginationen, und diese Imaginationen prägen sie aus in dem physischen Menschenwesen. – Das war die allererste Anschauung über das, was der Mensch als gottgesandtes Wesen auf der Erde ist.

Dann kam die zweite nachatlantische Kulturperiode, die urpersische. Da hatte man nicht mehr jenes instinktive Gefühl für das Physiognomische so stark wie früher. Da schaute man nicht auf Imaginationen der Götter, sondern auf Gedanken der Götter. Vorher war es eigentlich so, daß man vorausgesetzt hat: In irgendwelchen göttlichen Wesenheiten lebt, bevor ein Mensch auf die Erde herabsteigt, ein wirkliches Menschenbild. Nachher war die Vorstellung, daß eben Gedanken, Gedanken, die dann zusammen den Logos bildeten – wie man es später nannte –, dem einzelnen Menschenwesen zugrunde liegen.

Man hat großen Wert darauf gelegt in dieser zweiten nachatlantischen Periode, ob der Mensch geboren wurde – so paradox uns das heute erscheint, es ist so – bei freundlichem Wetter, ob der Mensch etwa geboren wurde bei Nacht oder bei Tag, zur Winterszeit oder zur Sommerszeit. Intellektuelles gab es nicht, aber man hatte die Empfindung: Was die Götter für eine Himmelskonstellation sein lassen, ob schönes Wetter oder Schneegestöber, ob Tag oder Nacht, wenn sie einen Menschen auf die Erde herunterschicken, das drückt ihre Gedanken aus, das drückt diese göttlichen Gedanken aus. Und wenn etwa gerade zur Gewitterszeit oder sonst irgendwie bei merkwürdigen Wetterkonstellationen ein Kind geboren wurde, so betrachtete man das im laienhaften Leben als den Ausdruck für diese oder jene dem Kinde gegebenen göttlichen Gedanken.

Wenn das im Laienhaften der Fall war, so war es auf der andern Seite da, wo die Priesterschaft, die wiederum abhängig war von den Mysterien, sozusagen Protokoll führte über die Geburten – aber das ist nicht im bürokratischen Sinne von heute zu verstehen –, durchaus so, daß man aus diesen Konstellationen von Wetter, Tageszeit, Jahreszeit und so weiter darauf sah, wie dem Menschen seine göttliche Gedankengabe mitgegeben war. Das war in der zweiten nachatlantischen Periode, in der urpersischen Periode.

Solche Dinge haben sich in unsere Zeit herein sehr wenig erhalten. In unserer Zeit gilt es als etwas außerordentlich Langweiliges, wenn man von jemandem sagen muß: Der redet vom Wetter. – Denken Sie nur, das gilt als etwas Abträgliches, wenn man von jemandem heute sagt: Der ist ein langweiliger Mensch, da er von nichts anderem zu reden weiß als vom Wetter. – Das hätten die Leute in der urpersischen Zeit nicht verstanden, sie hätten den Menschen ungemein langweilig gefunden, der nichts Interessantes über das Wetter zu sagen wußte. Denn in der Tat, es heißt schon, sich ganz herausgehoben haben aus der natürlichen Umgebung, wenn man nicht mehr etwas richtig Menschliches empfindet gegenüber den Wettererscheinungen. Es war ein intensives Miterleben der kosmischen Umgebung, das sich darinnen ausdrückte, daß man überhaupt Ereignisse – und die Geburt eines Menschen war eben ein wichtigstes Ereignis – in Zusammenhang dachte mit dem, was nun vorgeht in der Welt.

Es würde durchaus ein Fortschritt sein, wenn die Menschen – sie brauchen ja nicht bloß zu der Redensart zu kommen: es ist gutes und schlechtes Wetter, das ist sehr abstrakt –, wenn die Menschen wiederum dazu kommen würden, indem sie das oder jenes sich erzählen, nicht zu vergessen, was bei diesem oder jenem Ereignis, das erlebt worden ist, für Wetter war, für Erscheinungen überhaupt in der Natur waren.

Es ist dies außerordentlich interessant, wenn bei auffälligen Erscheinungen dies noch da oder dort erwähnt wird, wie das zum Beispiel für den Tod des *Kaspar Hauser* erwähnt wird, weil es eine auffällige Erscheinung war, daß auf der einen Seite die Sonne unterging, während auf der andern Seite der Mond aufging, und so weiter.

So können wir uns also hineinfühlen in menschliches Wesen dieser zweiten nachatlantischen Periode.

In der dritten nachatlantischen Periode, da war für die Menschen zum großen Teil dieser Instinkt schon verflogen, Geistiges zu sehen, göttliche Gedanken zu sehen im Wetter, und da fing man allmählich an zu rechnen. Da kam dann auf anstelle des intuitiven Erfassens der göttlichen Menschengedanken in der Naturkonfiguration das Errechnen der Sternkonstellationen, und man berechnete eben für einen Menschen, wenn er in die Welt kam, die Sterne, die Fixstern-Planetenkonstellation. Das war im wesentlichen dann die dritte, die chaldäisch-ägyptische Periode, in der man den allergrößten Wert darauf legte, nun aus den Sternkonstellationen errechnen zu können, wie der Mensch aus dem vorirdischen Leben in das irdische Leben hereingetreten war.

Da also war immerhin noch ein Bewußtsein vorhanden, daß des Menschen Erdenleben aus der außerirdischen Umgebung gegeben ist. Nur, wenn es ans Rechnen kommt, dann kommt auch schon die Zeit, wo wir die Verbundenheit des menschlichen Wesens mit den göttlich-geistigen Wesenheiten nicht mehr so recht haben.

Sie brauchen nur zu berücksichtigen, wie der ganze Geistesvorgang des Menschen eigentlich äußerlich ist, wenn es ans Rechnen kommt. Ich will ganz gewiß nicht der jugendlichen Faulenzerei oder meinetwillen auch der späteren Unaufmerksamkeit der Menschen mit Bezug auf das Rechnen das Wort reden. Das soll nicht geschehen. Aber es ist natürlich ein großer Unterschied, wenn man jene äußerlichen Denkmethoden in den Vordergrund stellt, die eigentlich mit dem ganzen Menschen wenig mehr zu tun haben, und die rechnerische Methoden sind. Diese rechnerischen Methoden wurden überhaupt in alles Leben hineingeführt in dieser dritten nachatlantischen Periode. Aber immerhin errechnete man dasjenige, was außerirdisch war, und man stellte den Menschen wenigstens durch die Rechnung ins Außerirdische hinein. So abstrakt wie wir haben die Ägypter und Chaldäer nicht gerechnet; was man errechnete, war durchaus Durchgefühltes. Heute ist alles Errechnete manchmal durchgedacht, manchmal nicht einmal durchgedacht, sondern durchmethodisiert. Man rechnet ja heute oftmals nicht mehr mit Inhalten, sondern nur mit Methoden. Und was in der Mathematik zuweilen geleistet wird an Abgelegenheit des Inhaltes, der nur auf methodenhafte Weise erreicht wird, das ist heute im Grunde genommen, ich meine es nicht schlimm, aber es ist fürchterlich. Es war durchaus in dieser chaldäisch-ägyptischen Periode im Errechnen noch etwas Menschliches drinnen.

Dann kam die griechisch-lateinische Zeit. Das war die erste nachatlantische Zivilisationsepoche, in welcher der Mensch eigentlich das Gefühl hatte, er lebt ganz auf der Erde, er ist ganz verbunden mit den Erdenkräften. Der Zusammenhang des Menschen mit den Wettererscheinungen hatte sich bereits zurückgezogen in das Erzählen der Mythen. Dasjenige, womit sich der Mensch in der zweiten nachatlantischen Zeit, in der urpersischen Kulturepoche, noch lebendig verbunden gefühlt hat, das hatte sich zurückgezogen als die Götterwelt. Der Mensch selbst hielt nicht mehr darauf, ob es etwas bedeutete, wenn er den Olymp bestieg und seinen Kopf in der Höhe in den Nebel hineinsteckte; den Kopf in diese olympische Wolke hineinstecken ließ er jetzt seine Götter, den Zeus, den Apollo. Wer die Mythen verfolgt in dieser griechisch-lateinischen Kulturperiode, wird noch ein Nachgefühl davon haben, daß die Menschheit sich einstmals verbunden fühlte mit den Wolken und Himmelserscheinungen, daß aber die Menschen das abgeschoben haben an die Götter. Zeus ist es jetzt, der mit den Wolken sich bewegt, oder Hera ist es, die da mit den Wolken herumwirtschaftet. Das hat der Mensch mit seiner eigenen Seele früher getan. Der Grieche hatte den Zeus – man kann ja so was nicht sagen, aber es gibt doch den Tatbestand wieder –, der Grieche hatte den Zeus in die Wolkenregion, in die Lichtregion hinein verbannt.

Der urpersische Mensch fühlte sich mit seiner eigenen Seele noch dadrinnen. Der hätte nicht sagen können: Der Zeus lebt in den Wolken oder im Lichte –, sondern er hätte gesagt: Der Zeus lebt in mir –, weil er seine Seele im Bereiche der Wolken, im Bereiche der Lüfte fühlte. Der Grieche war der erste Mensch in der nachatlantischen Zeit, der sich ganz – und es kam das auch erst langsam und allmählich heran – als Erdenmensch fühlte. Daher ging in der griechisch-lateinischen Zeit auch zuerst zugrunde das Sich-Zusammenfühlen mit dem vorirdischen Dasein. In allen drei älteren nachatlantischen Zivilisationsepochen haben die Menschen stark ihren Zusammenhang mit dem vorirdischen Dasein gefühlt. Da hätte man ihnen kein Dogma machen dürfen darüber, daß es keine Präexistenz gibt. Man kann auch solche Dogmen nur machen, wenn man Aussicht darauf hat, daß die Menschen sie annehmen. Man muß dann nur so klug sein, dasjenige gerade als Dogma aufzustellen, wofür eine Menge von Menschen durch die menschliche Entwickelung präpariert sind. Aber die Griechen haben allmählich aus dem menschlichen Fühlen und Empfinden heraus das vorirdische Dasein verloren, und sie fühlten sich ganz als Erdenmenschen. Sie fühlten sich allerdings so als Erdenmenschen, wie ich das in früheren Vorträgen beschrieben habe, daß sie sich noch durchsetzt fühlten von Göttlich-Geistigem, aber doch eben durchaus in Verbindung mit alldem, was auf Erden allein lebt.

Man muß schon ein Gefühl dafür haben, wie eine solche Mythologie in der Griechenzeit durchaus sich erst entwickeln konnte, nachdem man den Zusammenhang der eigenen Seele mit den überirdischen Erscheinungen verloren hatte. So daß wir sagen können: Wenn hier die Erde ist – ich zeichne schematisch –, so fühlte sich der Mensch in der ersten nachatlantischen Periode als das Ergebnis göttlicher Imagination, die er ganz im Geistig-Seelischen suchte. Dann fühlte er sich als das Ergebnis göttlicher Gedanken, die er in den Himmelserscheinungen und so weiter, in Wind und Wetter suchte. Es verlor dann der Mensch immer mehr und mehr das in die Weiten hinausgehende Bewußtsein; er engte dieses Bewußtsein immer mehr und mehr gegen die Erde herzu ein. Dann kam die Periode der ägyptisch-chaldäischen Zeit, wo wir den Menschen haben als errechnetes kosmisches Wesen. Und dann kam die vierte, die griechisch-lateinische Zeit, wo der Mensch ganz und gar Erdenmensch ist (siehe Zeichnung).

Tafel 9

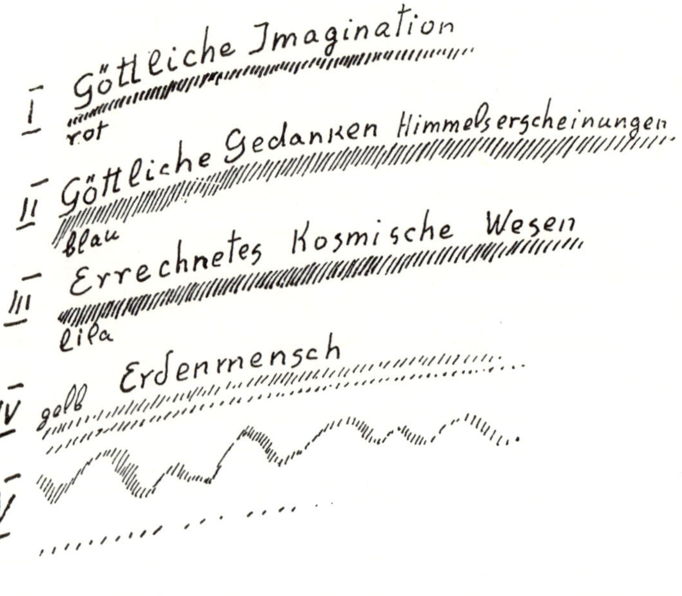

Wenn wir noch einmal in den dritten nachatlantischen Zeitraum zurückgehen, so stoßen wir auf eine Zeit, in der die Menschen auch noch stark fühlten, trotzdem sie sich ihr Himmelsdasein errechneten, *wo* sie auf der Erde geboren wurden. Das ist eine besonders interessante Tatsache. Das Himmelsdasein hatte man bis auf die Rechnung hin vergessen; man mußte es eben erst errechnen. Es war die Zeit der astrologischen Rechnungen. Aber irgendein Mensch, der vielleicht gar keine Rechnung hatte für sein Geburtsdatum, fühlte dennoch das Ergebnis dieser Rechnung. Einer, der ganz im Süden geboren war, fühlte in dem, wie er sich ausleben konnte im Süden, das Ergebnis der Rechnung; auf das gab er viel mehr, als auf die Rechnung selbst. Einer, der im Norden geboren war, war unter einer andern Rechnung geboren. Nun ja, die Astrologen konnten das ausrechnen, aber der Mensch fühlte das Ergebnis dieser Rechnung. Und wie fühlte er es?

Er fühlte es dadurch, daß eigentlich seine ganze menschliche Seelen- und Körperverfassung mit dem Orte seiner Geburt und den geographischen, klimatischen Eigentümlichkeiten seiner Geburt zusammenhingen, weil der Mensch in dieser dritten nachatlantischen Zivilisationsperiode sich vorzugsweise als ein Atmungsgeschöpf fühlte. Man atmet anders im Süden als im Norden. Der Mensch war ein Atmungsmensch. Natürlich war die äußere Zivilisation nicht so weit, daß man solche Dinge aussprechen konnte; aber das, was in der menschlichen Seele lebte, das war ein Ergebnis des Atmungsprozesses, und der Atmungsprozeß war ein Ergebnis des Erdenortes, auf dem man geboren war, auf dem man lebte.

Das hörte bei den Griechen auf. In der Griechenzeit ist nicht mehr der Atmungsprozeß und der Zusammenhang mit dem Irdischen das Maßgebende, sondern der Zusammenhang des Blutes, das Stammesgefühl, die Stammesempfindung ist dasjenige, was das Bewußtsein der Gruppenseelenhaftigkeit ergibt. Gruppenseelen fühlte man in der dritten nachatlantischen Zeit im Zusammenhang mit dem Erdenorte. Man stellte sich ja geradezu auch vor in dieser dritten nachatlantischen Zeit: Wenn da oder dort ein Heiligtum ist, so ist der Gott darin, der die Gruppenseele darstellt –, der war an den Ort gebunden. Das hörte auf während der Griechenzeit. Da begann mit dem Erdenbewußtsein, mit der ganzen Verfassung, die an die Erde mit allem menschlichen Fühlen und Empfinden im ganzen menschlichen Instinktleben gebunden war, dieses Gefühl für die Zusammengehörigkeit im Blute. So daß der Mensch dann ganz auf die Erde herunter versetzt war. Er sah nicht mehr mit seinem Bewußtsein über die Erde hinaus, sondern fühlte sich mit seinem Stamm, mit seinem Volk zusammengehörig im Blute.

Und wie steht es mit uns in der fünften nachatlantischen Periode? Es ergibt sich fast aus dem Schematismus, den ich da ganz sachgemäß entworfen habe. Ja, wir sind in die Erde hereingekrochen. Wir sind bar geworden der außerirdischen Kräfte, wir leben auch nicht mehr und sollen nicht mehr leben mit den bloßen Erdenkräften, die im Blute vibrieren, sondern wir sind abhängig geworden von Kräften, die unter der Erde sind.

Daß sich unter der Erde auch Kräfte befinden, die eine Bedeutung haben, das können Sie von den Kartoffeln lernen. Sie wissen ja, daß die Bauern ihre Kartoffeln im Winter in Gruben hineintun; da kommen sie fort, während sie sonst verderben würden. Es ist eben unter der Erde anders. Da lebt die Sommerwärme während des Winters fort.

Es ist ja auch durchaus das Leben der Pflanzen nur dann zu verstehen, wenn man weiß, daß das Leben der Pflanze bis zur Blüte ein Ergebnis des jeweiligen vorigen Jahres ist. Es kommt aus den Erdenkräften heraus. Erst die Blüte ist dasjenige, was an der Sonne gedeiht. Nun, das habe ich einmal hier auseinandergesetzt.

Was bedeutet es denn für uns Menschen, daß wir abhängig werden von Kräften unter der Erde? Dasselbe wie bei den Kartoffeln bedeutet es nicht, wir werden ja auch im Winter nicht in die Gruben hineingelegt, damit wir da den Winter über besser gedeihen können. Es bedeutet eben etwas ganz anderes, es bedeutet gerade, daß die Erde den Einfluß des Überirdischen von uns wegnimmt. Wir werden durch die Erde des Einflusses des Überirdischen beraubt. Der Mensch war zuerst in seinem Bewußtsein göttliche Imagination, dann göttlicher Gedanke, dann Errechnungsresultat und dann Erdenmensch. Der Grieche fühlte sich durchaus als Erdenmensch und lebend im Blute. Wir also müssen lernen, uns als unabhängig von demjenigen zu fühlen, was überirdisch ist, unabhängig aber auch von dem, was bloß in unserem Blute liegt. Dazu ist es gekommen dadurch, daß wir eben zwischen dem einundzwanzigsten und achtundzwanzigsten Jahr anders leben, als früher gelebt worden ist: daß wir nicht mehr aufwachen zu dem gestern charakterisierten zweiten Erlebnis, daß wir nicht mehr lebendige Gedanken als die Resultate des vom Überirdischen beeinflußten Bewußtseins haben, sondern daß wir Gedanken haben, die ganz frei geworden sind von innerer Lebendigkeit, die deshalb auch tot sind. Es ist schon die Erde mit ihren Innenkräften, die unsere Gedanken, indem wir Erdenmenschen werden, ertötet.

Und ein merkwürdiges Bild ergibt sich: Als Erdenmenschen begraben wir dasjenige, was im Physischen vom Menschen übrigbleibt, wir übergeben den Leichnam den Erdenelementen. Die Erde wird auch bei verbrannten Menschen tätig, Verwesung ist nur eine langsame Verbrennung. Mit unseren Gedanken geht es so – das ist ja das Merkwürdige der fünften nachatlantischen Periode –, daß die Götter, indem wir geboren werden, indem wir auf die Erde heruntergeschickt werden, unsere Gedanken der Erde übergeben. Begraben, richtig begraben werden unsere Gedanken, indem wir Erdenmenschen werden. Das ist so seit dem Beginn des fünften nachatlantischen Zeitraumes. Intellektualistischer Mensch sein, heißt: eine Seele haben mit in der Erde begrabenen Gedanken, das heißt, mit Gedanken, denen die Erdenkräfte die Himmelsimpulse nehmen.

Das ist eigentlich das Charakteristische für unser gegenwärtiges Menschsein, daß wir mit der Erde in unserem innersten Seelenwesen gerade durch unser Denken zusammenwachsen. Dadurch aber haben wir andererseits auch erst jetzt, in der fünften nachatlantischen Kulturperiode, die Möglichkeit, dem Kosmos die Gedanken zurückzusenden, die wir auf die gestern am Schlusse erwähnte Weise in uns lebendig machen durch unser Erdenleben.

Solche Entwickelungsimpulse ruhen tief in den bedeutsamen Kulturergebnissen der Menschheit. Und es erweckt in uns gewiß ein tiefes Gefühl, wenn in der Zeit, in der sich die europäische Menschheit nähert diesem fünften nachatlantischen Kulturzeitraum, solche Dichtungen heraufkommen, wie die des *Wolfram von Eschenbach,* der «Parzival». Wir haben die Dichtung als solche oftmals betrachtet, aber wir wollen heute ein Auge haben, ein Seelenauge haben für etwas, was uns da als ein grandioses Merkzeichen der Zeit entgegentritt. Sehen Sie sich die merkwürdige Charakteristik an, die nun, nicht nur bei Wolfram, sondern überhaupt bei den Menschen dieser Zeit, indem in ihnen die Dichterkraft aufgeht, heraufkommt.

Da sieht man, ich möchte sagen, sich beunruhigt durch drei Entwickelungsstadien der menschlichen Seele. Das erste, was man an dem Menschen wahrnimmt, wenn er in die Welt hereintritt, wenn er sich seinem Leben überläßt, wenn er in naiver Weise im Zusammenhang mit der Welt lebt, das erste, was man wahrnimmt, ist die Einfältigkeit, Dumpfheit.

Das zweite aber, das ist der Zweifel. Und gerade in dieser Zeit des herannahenden fünften nachatlantischen Zeitraumes wird der Zweifel lebendig geschildert. Ist Zweifel des Herzens Angebinde, so muß dem Menschen das Leben sauer werden: das ist die Empfindung in jener Zeit. Aber die Empfindung ist auch da: Der Mensch muß sich durchringen durch den Zweifel zur Saelde, zur Seligkeit. – Und Seligkeit nennt man dann dasjenige, wo der Mensch in die ungöttlich gewordenen Gedanken, in die ganz irdisch gewordenen, toten Gedanken nun wiederum das göttliche Leben hereinbringt. Als den Zustand des Zweifels empfindet man dieses Untertauchen des Menschen mit seinen Gedanken in den irdischen Bereich. Und die Saelde, die Seligkeit, empfindet man wie ein Losreißen von dem Irdischen dadurch, daß man die Gedanken wiederum lebendig macht.

Tafel 10

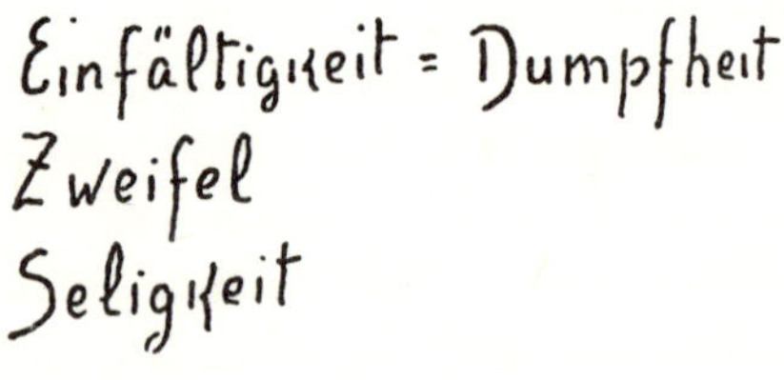

Das ist gerade als ein Stimmungsgehalt der Dichtungen in diesem 12., 13., 14. Jahrhundert vorhanden, wo man sich heraufringt in den fünften nachatlantischen Zeitraum. Ich möchte sagen, die erste Morgenröte dieses fünften nachatlantischen Zeitraumes wurde lebendiger von den Menschen empfunden als heute, wo die Menschen müde sind, über diese Dinge nachzudenken, wo sie zu bequem geworden sind. Aber sie werden wieder beginnen müssen, über diese Dinge tief nachzudenken, und namentlich nachzufühlen. Sonst würde eben der Aufstieg der Menschheit nicht möglich sein. Und was tritt da eigentlich ein?

Es ist ein Hinunterbewegen des Menschen von dem Himmlischen zu dem Irdischen, bis der Mensch ganz auf der Erde ist. Aber wie ist es mit dem Menschen? Ja, es ist so, wie wenn die Erde für den Menschen ein Spiegel wäre. Der Mensch soll nicht bloß bis unter die Erde hineinwachsen. Die Gedanken in ihrem toten Elemente dringen in die Erde hinein, begreifen das Tote, das nur dem Erdenelemente angehört. Aber der Mensch selbst ist so, daß er, wenn er seine Gedanken belebt, sie wie Spiegelbilder hinaussendet in den Kosmos. So daß alles, was an lebendigen Gedanken in dem Menschen entsteht, dasjenige ist, was die Götter zurückglänzen sehen von dem sich entwickelnden Menschen. Der Mensch wird aufgerufen zum Mitschöpfer am Weltenall, indem ihm zugemutet wird, daß er seine Gedanken belebt. Denn diese Gedanken spiegeln sich an der Erde und gehen wiederum in das Weltenall hinaus, müssen den Weg wiederum nehmen in das Weltenall hinaus.

Daher ist es ja so, wenn wir den ganzen Sinn der Menschen- und Weltenentwickelung in uns aufnehmen, daß wir schon fühlen: In einer Art kommen wir wiederum zu den Epochen zurück, die durchgemacht worden sind. In der ägyptisch-chaldäischen Zeit hat man gerechnet, wie es mit dem Menschen ist auf der Erde; man hat immerhin durch die Rechnung den Menschen in Zusammenhang gebracht mit der umliegenden Sternenwelt. Heute machen wir es historisch, indem wir vom Menschen ausgehen, und der Mensch uns der Ausgangspunkt wird für eine Betrachtung, wie Sie sie angestellt finden in meiner «Geheimwissenschaft», wo wir tatsächlich die belebten menschlichen Gedanken wiederum hinaussenden und achtgeben, wie sie werden, wenn wir sie in der kosmischen Umgebung als von uns wegeilend verfolgen, wenn wir lernen, mit den lebendigen Gedanken in den kosmischen Weiten zu leben.

Das sind Zusammenhänge, die da zeigen, welche tiefe Bedeutung es hat, daß der Mensch zu toten Gedanken gekommen ist, daß er sozusagen in die Gefahr gekommen ist, ganz mit der Erde sich zu verbinden.

Und verfolgen wir das Bild weiter. Gültige Imaginationen lassen sich weiter verfolgen. Nur ausgedachte Imaginationen lassen sich nicht weiter verfolgen. Denken Sie sich einmal, hier wäre ein Spiegel (es wird gezeichnet). Man sagt, er wirft das Licht zurück; die Ausdrucksweise Tafel 10

Tafel 10

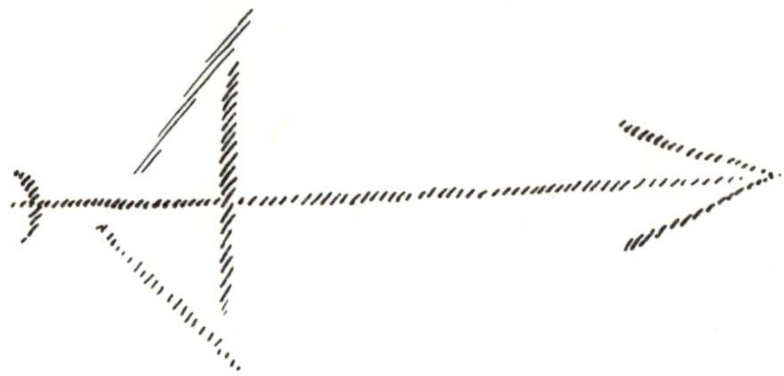

ist nicht ganz richtig, das Licht darf aber jedenfalls nicht hinter den Spiegel kommen. Wodurch nur allein kann das Licht hinter den Spiegel kommen? Dadurch, daß der Spiegel zerbrochen wird. Und in der Tat, wenn der Mensch seine Gedanken nicht belebt, wenn der Mensch stehenbleibt bei den bloß intellektualistischen, toten Gedanken, muß er die Erde zerbrechen.

Das Zerbrechen beginnt allerdings bei dem dünnsten Elemente, bei der Wärme. Und im fünften nachatlantischen Zeitraum hat man nur die Gelegenheit, durch weiteres, immer weiteres Ausbilden der bloßen intellektualistischen Gedanken die Wärmeatmosphäre der Erde zu verderben.

Dann aber kommt die sechste nachatlantische Periode. Würde die Menschheit nicht bis dahin bekehrt sein vom Intellektualismus zur Imagination, dann würde die Verderbnis nicht nur der Wärmeatmosphäre, sondern der Luftatmosphäre beginnen, und die Menschen würden mit den bloß intellektualistischen Gedanken die Luft vergiften. Und die vergiftete Luft würde auf die Erde zurückwirken, das heißt,
Tafel 9 zunächst das Vegetabilische verderben (siehe Zeichnung Seite 123).

Und im siebenten nachatlantischen Zeitraum hat der Mensch schon Gelegenheit, das Wasser zu verderben, und seine Ausdünstungen würden übergehen, wenn sie die Ergebnisse bloß intellektualistischer Gedanken wären, in das allgemeine Flüssigkeitselement der Erde. Aus dem allgemeinen Flüssigkeitselement der Erde heraus würde zunächst das mineralische Element der Erde entformt werden. Und der Mensch hat durchaus Gelegenheit, wenn er seine Gedanken nicht belebt und damit dem Kosmos dasjenige zurückgibt, was er vom Kosmos empfangen hat, die Erde zu zersplittern.

Tafel 9

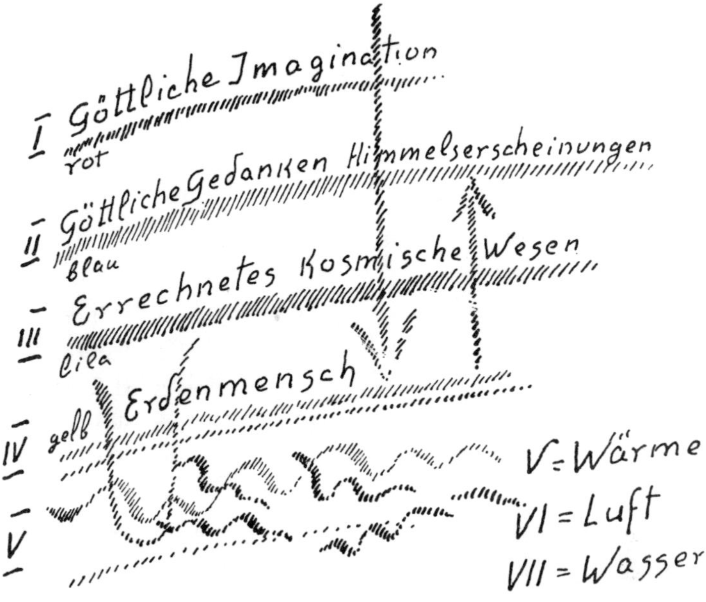

So hängt das, was im Menschen seelisch ist, mit dem natürlichen Dasein zusammen. Und das bloß intellektualistische Wissen heute ist lediglich ein ahrimanisches Produkt, um den Menschen hinwegzutäuschen über diese Dinge. Indem man dem Menschen weismacht, daß seine Gedanken bloße Gedanken sind, die mit dem Weltgeschehen nichts zu tun haben, macht man ihm einen Nebel vor, als ob er keinen Einfluß haben könnte auf die Erdenentwickelung, und als ob ohne oder mit seinem Zutun einmal das Erdenende so oder so kommen wird, wie es eben die bloße Physik vorschreibt.

Aber es wird nicht ein bloß physikalisches Erdenende kommen, sondern dasjenige Erdenende, das die Menschheit selber wird herbeigeführt haben.

Hier ist wieder einer der Punkte, wo sich uns zeigt, wie Anthroposophie die moralisch-seelische Welt zusammenführt mit der physisch-sinnlichen Welt, während heute gar kein solcher Zusammenhang vorhanden ist und die neuere Theologie sogar etwas Vorzügliches darinnen sieht, das Moralische ganz unabhängig zu machen von dem

Physischen. Und Philosophen, die da heute keuchend, gebückt, mit krummen Rücken unter der Bürde der naturwissenschaftlichen Ergebnisse sich dahinschleppen, die sind froh, wenn sie sagen können: Ja, in der Natur, da gibt es Wissenschaft; aber die Philosophie, die muß sich auf den kategorischen Imperativ, auf dasjenige, worüber man nichts wissen kann, erstrecken.

Diese Dinge sind heute oftmals nur innerhalb der Schulen spielend. Sie werden aber das Leben ergreifen, wenn die Menschheit sich nicht dessen bewußt wird, wie das Seelisch-Geistige mitschöpferisch ist im Physisch-Sinnlichen, und wie die Zukunft des Physisch-Sinnlichen davon abhängen wird, was der Mensch im Seelisch-Geistigen auszubilden sich entschließt. Aus solchen Untergründen heraus kann man schon auf der einen Seite das Bewußtsein bekommen von der unendlichen Wichtigkeit des seelischen Lebens der Menschheit, auf der andern Seite kann man allerdings auch wiederum ein Bewußtsein davon bekommen, daß der Mensch nicht nur ein auf der Erde beliebig herumwandelndes Geschöpf ist, sondern dem ganzen Weltenall angehört.

Aber, meine lieben Freunde, richtige Imaginationen geben schon das Richtige. Wenn der Mensch nämlich nun nicht seine Gedanken belebt, sondern sie immer weiter und weiter sterben läßt, dann kriechen eben die Gedanken in die Erde hinein, und der Mensch wird zuletzt gegenüber dem Weltenall ein Regenwurm, weil seine Gedanken sich die Lokalitäten der Regenwürmer aufsuchen. Das ist auch etwas, was eine ganz gültige Imagination ist.

Die menschliche Zivilisation sollte es vermeiden, daß der Mensch Regenwurm werden kann, denn sonst wird die Erde zerbrochen, und das Weltenziel, das in den menschlichen Anlagen ganz deutlich ausgesprochen ist, wird nicht erreicht. Das sind Dinge, die wir nicht bloß in unsere Theorien, in unsere Abstraktionen, sondern tief in unsere Herzen aufnehmen sollen, denn Anthroposophie ist eine Herzenssache. Je mehr sie als eine Herzenssache gefaßt wird, desto besser wird sie verstanden.

Aus einem Brief Rudolf Steiners an Marie Steiner zu ihrem Geburtstag:

Dornach, 15. März 1923

... Ich füge diesen Gedanken bei die spruchartige Zusammenfassung des Inhaltes meines Vortrages vom Sonntag hier:

In gegenwärtiger Erdenzeit
Braucht der Mensch erneut
Geistigen Inhalt für die Worte seiner Rede;
Denn von der Sprache behalten Seele und Geist
Für die Zeit des schlafenden Weilens außer dem Leibe
Das vom Wort, was auf Geistiges weist
Denn es müssen schlafende Menschen
Bis zur Verständigung mit den Archangeloi kommen.
Die aber nehmen nur Geist-Inhalt
Nicht Materien-Inhalt der Worte auf.
Fehlt dem Menschen diese Verständigung
Nimmt er Schaden an seinem ganzen Wesen.

(Vortrag vom 11. März 1923)

(Aus GA 262 Briefwechsel und Dokumente, S. 174/175).

HINWEISE

Zu dieser Ausgabe

Textunterlagen: Dem Text liegt die Nachschrift der Berufsstenografin Helene Finckh zugrunde.

Der Titel des Bandes geht auf die Erstausgabe 1942 durch Marie Steiner zurück.

Zu den Tafelzeichnungen: Die Original-Wandtafelzeichnungen und -anschriften Rudolf Steiners bei diesen Vorträgen sind erhalten geblieben, da die Tafeln damals mit schwarzem Papier bespannt wurden. Sie werden als Ergänzung zu den Vorträgen in einem separaten Band der Reihe «Rudolf Steiner, Wandtafelzeichnungen zum Vortragswerk» verkleinert wiedergegeben. Die in den früheren Auflagen in den Text eingefügten zeichnerischen Übertragungen sind auch für diese Auflage beibehalten worden. Auf die entsprechenden Originaltafeln wird jeweils an den betreffenden Textstellen durch Randverweise aufmerksam gemacht.

Hinweise zum Text

Werke Rudolf Steiners innerhalb der Gesamtausgabe (GA) werden in den Hinweisen mit der Bibliographie-Nummer angegeben. Siehe auch die Übersicht am Schluß des Bandes.

zu Seite

18 *1859 Schillers Andenken gefeiert:* 1859 war das hundertste Geburtsjahr von Friedrich Schiller (1759–1805).

20 *«Mein unermeßlich Reich...»:* Worte der «Poesie» aus dem lyrischen Spiel «Die Huldigung der Künste» von Friedrich Schiller.

24 *aus dem Kursus, den ich hier gehalten habe:* «Philosophie, Kosmologie und Religion», Französischer Kurs, zehn Vorträge, 6.–15. September 1922 in Dornach für französischsprechende Zuhörer, GA 215.

31 *die Biographie der alten Frau Rat:* Katharina Elisabeth Goethe, geborene Textor, 1731–1808. «Goethes Mutter, ein Lebensbild nach den Quellen», von Karl Heinemann, Leipzig 1891.

von der hatte Goethe: Siehe den Spruch:

Vom Vater hab' ich die Statur,
Des Lebens ernstes Führen;
Von Mütterchen die Frohnatur
Und Lust zu fabulieren. Aus «Zahme Xenien», 6. Buch

32 *zu dem auch oft von mir zitierten Ausspruch:* Das Zitat lautet wörtlich: «Die zweite Betrachtung beschäftigt sich ausschließlich mit der Kunst der Griechen und sucht zu erforschen, wie jene unvergleichlichen Künstler verfuhren, um aus der menschlichen

Gestalt den Kreis göttlicher Bildung zu entwickeln, welcher vollkommen abgeschlossen ist und worin kein Hauptcharakter so wenig als die Übergänge und Vermittlungen fehlen. Ich habe eine Vermutung, daß sie nach eben den Gesetzen verfuhren, nach welchen die Natur verfährt und denen ich auf der Spur bin.» Italienische Reise, Rom, den 28. Januar 1787. Der Ausspruch wird von Rudolf Steiner unter anderem zitiert in «Goethes Weltanschauung» (1897), GA 6, 1963, S. 48.

33 *da dichtete er die «Iphigenie» in Italien um:* Die erste Fassung der «Iphigenie» in Prosa wurde schon 1779 in Weimar aufgeführt. Die Umdichtung in Blankverse (fünffüßige, reimlose Jamben) nahm Goethe 1787 in Rom vor.

bei den Rezitationsvorträgen: «Die Kunst der Rezitation und Deklamation», GA 281.

38 *Paracelsus,* 1493–1541, Arzt und Naturforscher.

55 *was schon Goethe gemeint hat mit dem Worte:* Das Zitat lautet wörtlich: «Das Schöne ist eine Manifestation geheimer Naturgesetze, die uns ohne dessen Erscheinung ewig wären verborgen geblieben.» Goethes Naturwissenschaftliche Schriten, herausgegeben und kommentiert von Rudolf Steiner in Kürschners «Deutsche National-Litteratur», 1884–1897, 5 Bände, Nachdruck Dornach 1975, GA 1a-e, Band IV, 2: Sprüche in Prosa, 11. Abteilung, Kunst.

56 *ich habe es angedeutet:* In der Fragenbeantwortung vom 29. September 1920 in Dornach. Sie ist enthalten in «Das Wesen des Musikalischen und das Tonerlebnis im Menschen», GA 283.

61 *Baruch Spinoza,* 1632–1677, holländischer Philosoph.

Galileo Galilei, 1564–1642, italienischer Naturforscher.

Nikolaus Kopernikus, 1473–1543, Astronom.

64 *Aurelius Augustinus,* 354–430; in seinem Hauptwerk «Die Bekenntnisse» («Confessiones») schildert er seinen seelischen Werdegang. Wichtige Ausführungen über Augustinus finden sich in den Vorträgen Rudolf Steiners «Die Philosophie des Thomas von Aquino», GA 74, und in dem Werk Rudolf Steiners «Das Christentum als mystische Tatsache und die Mysterien des Altertums» (1902), GA 8, Kap.: Augustinus und die Kirche.

66 *vor Zeiten hier schon entwickelt:* In dem Zyklus «Geschichtliche Symptomatologie», 9 Vorträge, Dornach 18. Oktober bis 3. November 1918, GA 185. Die entsprechenden Ausführungen finden sich vor allem im 9. Vortrag.

68 *nach einem Vortrage, den ich vor kurzem hier gehalten habe:* Gemeint ist der erste Vortrag dieses Bandes.

70 *die Schiller nur ein bißchen zurechtgerichtet hat:* In seiner «Geschichte des Dreißigjährigen Kriegs», im ersten Buch.

78 *Ich habe Ihnen ... öfter erwähnt:* Z. B. in den Dornacher Vorträgen vom Sommer 1921 «Menschenwerden, Weltenseele und Weltengeist», GA 205 und 206.

79 *die Ritschlsche Schule:* Albrecht Ritschl, 1822–1889, Theologieprofessor in Bonn und Göttingen. Er gründete innerhalb des Protestantismus eine eigene Schule.

90 *die nächsten drei Vorträge kann ich ja nicht halten:* Der Vortrag vom Freitag (23. März) kam dann doch zustande, da Rudolf Steiner seine Abreise nach Stuttgart verschieben mußte. Es handelt sich um den letzten Vortrag dieses Bandes.

93 *Ich besuchte einmal:* Siehe Rudolf Steiner «Mein Lebensgang» (1923–25), GA 28, Kapitel IX, S. 154–156.

Eduard von Hartmann, 1842–1906; vergleiche über ihn z.B. den Aufsatz Rudolf Steiners «Eduard von Hartmann. Seine Lehre und Bedeutung» (in «Methodische Grundlagen der Anthroposophie 1884–1901», GA 30, 1961, S. 288 ff.) und die Ausführungen in Rudolf Steiner «Die Rätsel der Philosophie in ihrer Geschichte als Umriß dargestellt» (1914), GA 18.

98 *Ludwig Büchner,* 1824–1899, Arzt und materialistischer Schriftsteller.

der dicke Vogt: Karl Vogt, 1817–1895, Professor für Zoologie in Gießen, später in Genf, Vorkämpfer des Darwinismus.

104 *die Sandwespen:* In früheren Ausgaben hieß es, gemäß Stenogramm, «Gallwespen» oder «die gallische Wespe». Nach «Grzimeks Tierleben», Band II, sowie nach Michael Chinery «Insekten Mitteleuropas» (3. Aufl. 1984) kommt unter den zahlreichen Unterarten der Familie Gallwespen keine vor, die der Beschreibung Rudolf Steiners entsprechen würde. Dagegen findet sich die stielartig verlängerte Verbindung zwischen Kopf und Hinterleib bei mehreren Arten der Familie Grabwespen, insbesondere bei der Unterart Sandwespe (Ammophila sabulosa oder Ammophila adriaansei). Es ist anzunehmen, daß ein Hörfehler der Stenografin vorliegt.

ich habe ja neulich von den Elementarreichen gesprochen: Gemeint ist wohl der Vortrag vom 20. Januar 1923 (achter Vortrag des Zyklus «Lebendiges Naturerkennen» GA 220).

111 *die ich in anderen Vorträgen auch schon angegeben habe:* Z. B. im 11. Vortrag des Vortragszyklus «Welt, Erde und Mensch», GA 105.

113 *wie das zum Beispiel für den Tod des Kaspar Hauser erwähnt wird:* In dem Roman von Jakob Wassermann «Caspar Hauser oder die Trägheit des Herzens.» Das Nähere hierüber ist zu ersehen aus dem Buche von Karl Heyer «Kaspar Hauser und das Schicksal Mitteleuropas im 19. Jahrhundert», Beiträge zur Geschichte des Abendlandes, IX. Band, 1958, S. 24 f.

118 *das habe ich einmal hier auseinandergesetzt:* In dem Zyklus «Das Verhältnis der Sternenwelt zum Menschen und des Menschen zur Sternenwelt», GA 219, 1966, S. 126 f.

119 *Wolfram von Eschenbach:* Seine Lebenszeit fällt in die letzten Jahre des 12. und die ersten Jahre des 13. Jahrhunderts.

wir haben die Dichtung ... oftmals betrachtet: Z. B. in dem Zyklus «Christus und die geistige Welt», GA 149, im 5. und 6. Vortrag, und im letzten Vortrag des Zyklus «Die Mysterien des Morgenlandes und des Christentums», GA 144.

120 *Ist Zweifel des Herzens Angebinde...:* Die Worte sind eine freie Übertragung der ersten zwei Verse von Wolframs «Parzifal».

NAMENREGISTER

(H = Hinweis, * = ohne Namensnennung)

ÜBER DIE VORTRAGSNACHSCHRIFTEN

Aus Rudolf Steiners Autobiographie «Mein Lebensgang» (35. Kap., 1925)

Es liegen nun aus meinem anthroposophischen Wirken zwei Ergebnisse vor; erstens meine vor aller Welt veröffentlichten Bücher, zweitens eine große Reihe von Kursen, die zunächst als Privatdruck gedacht und verkäuflich nur an Mitglieder der Theosophischen (später Anthroposophischen) Gesellschaft sein sollten. Es waren dies Nachschriften, die bei den Vorträgen mehr oder weniger gut gemacht worden sind und die – wegen mangelnder Zeit – nicht von mir korrigiert werden konnten. Mir wäre es am liebsten gewesen, wenn mündlich gesprochenes Wort mündlich gesprochenes Wort geblieben wäre. Aber die Mitglieder wollten den Privatdruck der Kurse. Und so kam er zustande. Hätte ich Zeit gehabt, die Dinge zu korrigieren, so hätte vom Anfange an die Einschränkung «Nur für Mitglieder» nicht zu bestehen gebraucht. Jetzt ist sie seit mehr als einem Jahre ja fallen gelassen.

Hier in meinem «Lebensgang» ist notwendig, vor allem zu sagen, wie sich die beiden: meine veröffentlichten Bücher und diese Privatdrucke in das einfügen, was ich als Anthroposophie ausarbeitete.

Wer mein eigenes inneres Ringen und Arbeiten für das Hinstellen der Anthroposophie vor das Bewußtsein der gegenwärtigen Zeit verfolgen will, der muß das an Hand der allgemein veröffentlichten Schriften tun. In ihnen setzte ich mich auch mit alle dem auseinander, was an Erkenntnisstreben in der Zeit vorhanden ist. Da ist gegeben, was sich mir in «geistigem Schauen» immer mehr gestaltete, was zum Gebäude der Anthroposophie – allerdings in vieler Hinsicht in unvollkommener Art – wurde.

Neben diese Forderung, die «Anthroposophie» aufzubauen und dabei nur dem zu dienen, was sich ergab, wenn man Mitteilungen aus der Geist-Welt der allgemeinen Bildungswelt von heute zu übergeben hat, trat nun aber die andere, auch dem voll entgegenzukommen, was aus der Mitgliedschaft heraus als Seelenbedürfnis, als Geistessehnsucht sich offenbarte.

Da war vor allem eine starke Neigung vorhanden, die Evangelien und den Schrift-Inhalt der Bibel überhaupt in dem Lichte dargestellt zu hören, das sich als das anthroposophische ergeben hatte. Man wollte in Kursen über diese der Menschheit gegebenen Offenbarungen hören.

Indem interne Vortragskurse im Sinne dieser Forderung gehalten wurden, kam dazu noch ein anderes. Bei diesen Vorträgen waren nur Mitglieder. Sie waren mit den Anfangs-Mitteilungen aus Anthroposophie bekannt. Man konnte zu ihnen eben so sprechen, wie zu Vorgeschrittenen auf dem Gebiete der Anthroposophie. Die Haltung dieser internen Vorträge war eine solche, wie sie eben in Schriften nicht sein konnte, die ganz für die Öffentlichkeit bestimmt waren.

Ich durfte in internen Kreisen in einer Art über Dinge sprechen, die ich für die öffentliche Darstellung, wenn sie für sie von Anfang an bestimmt gewesen wären, hätte anders gestalten *müssen.*

So liegt in der Zweiheit, den öffentlichen und den privaten Schriften, in der Tat etwas vor, das aus zwei verschiedenen Untergründen stammt. Die ganz öffentlichen Schriften sind das Ergebnis dessen, was in mir rang und arbeitete; in den Privatdrucken ringt und arbeitet die Gesellschaft mit. Ich höre auf die Schwingungen im Seelenleben der Mitgliedschaft, und in meinem lebendigen Drinnenleben in dem, was ich da höre, entsteht die Haltung der Vorträge.

Es ist nirgends auch nur in geringstem Maße etwas gesagt, was nicht reinstes Ergebnis der sich aufbauenden Anthroposophie wäre. Von irgend einer Konzession an Vorurteile oder Vorempfindungen der Mitgliedschaft kann nicht die Rede sein. Wer diese Privatdrucke liest, kann sie im vollsten Sinne eben als das nehmen, was Anthroposophie zu sagen hat. Deshalb konnte ja auch ohne Bedenken, als die Anklagen nach dieser Richtung zu drängend wurden, von der Einrichtung abgegangen werden, diese Drucke nur im Kreise der Mitgliedschaft zu verbreiten. Es wird eben nur hingenommen werden müssen, daß in den von mir nicht nachgesehenen Vorlagen sich Fehlerhaftes findet.

Ein Urteil über den Inhalt eines solchen Privatdruckes wird ja allerdings nur demjenigen zugestanden werden können, der kennt, was als Urteils-Voraussetzung angenommen wird. Und das ist für die allermeisten dieser Drucke *mindestens* die anthroposophische Erkenntnis des Menschen, des Kosmos, insofern sein Wesen in der Anthroposophie dargestellt wird, und dessen, was als «anthroposophische Geschichte» in den Mitteilungen aus der Geist-Welt sich findet.

RUDOLF STEINER GESAMTAUSGABE

Gliederung nach: Rudolf Steiner – Das literarische und künstlerische Werk. Eine bibliographische Übersicht (Bibliographie-Nrn. *kursiv* in Klammern)

A. SCHRIFTEN

I. Werke

Goethes Naturwissenschaftliche Schriften, eingeleitet und kommentiert von R. Steiner, 5 Bände, 1884-97, Neuausgabe 1975, *(1a-e)*; separate Ausgabe der Einleitungen, 1925 *(1)*
Grundlinien einer Erkenntnistheorie der Goetheschen Weltanschauung, 1886 *(2)*
Wahrheit und Wissenschaft. Vorspiel einer ‹Philosophie der Freiheit›, 1892 *(3)*
Die Philosophie der Freiheit. Grundzüge einer modernen Weltanschauung, 1894 *(4)*
Friedrich Nietzsche, ein Kämpfer gegen seine Zeit, 1895 *(5)*
Goethes Weltanschauung, 1897 *(6)*
Die Mystik im Aufgange des neuzeitlichen Geisteslebens und ihr Verhältnis zur modernen Weltanschauung, 1901 *(7)*
Das Christentum als mystische Tatsache und die Mysterien des Altertums, 1902 *(8)*
Theosophie. Einführung in übersinnliche Welterkenntnis und Menschenbestimmung, 1904 *(9)*
Wie erlangt man Erkenntnisse der höheren Welten? 1904-05 *(10)*
Aus der Akasha-Chronik, 1904-08 *(11)*
Die Stufen der höheren Erkenntnis, 1905-08 *(12)*
Die Geheimwissenschaft im Umriß, 1910 *(13)*
Vier Mysteriendramen: Die Pforte der Einweihung – Die Prüfung der Seele Der Hüter der Schwelle – Der Seelen Erwachen, 1910-13 *(14)*
Die geistige Führung des Menschen und der Menschheit, 1911 *(15)*
Anthroposophischer Seelenkalender, 1912 *(in 40)*
Ein Weg zur Selbsterkenntnis des Menschen, 1912 *(16)*
Die Schwelle der geistigen Welt, 1913 *(17)*
Die Rätsel der Philosophie in ihrer Geschichte als Umriß dargestellt, 1914 *(18)*
Vom Menschenrätsel, 1916 *(20)*
Von Seelenrätseln, 1917 *(21)*
Goethes Geistesart in ihrer Offenbarung durch seinen Faust und durch das Märchen von der Schlange und der Lilie, 1918 *(22)*
Die Kernpunkte der sozialen Frage in den Lebensnotwendigkeiten der Gegenwart und Zukunft, 1919 *(23)*
Aufsätze über die Dreigliederung des sozialen Organismus und zur Zeitlage 1915-1921 *(24)*
Kosmologie, Religion und Philosophie, 1922 *(25)*
Anthroposophische Leitsätze, 1924-25 *(26)*
Grundlegendes für eine Erweiterung der Heilkunst nach geisteswissenschaftlichen Erkenntnissen, 1925. Von Dr. R. Steiner und Dr. I. Wegman *(27)*
Mein Lebensgang, 1923-25 *(28)*

II. Gesammelte Aufsätze

Aufsätze zur Dramaturgie 1889-1901 *(29)* – Methodische Grundlagen der Anthroposophie 1884-1901 *(30)* – Aufsätze zur Kultur- und Zeitgeschichte 1887-1901 *(31)* – Aufsätze zur Literatur 1886-1902 *(32)* – Biographien und biographische Skizzen 1894-1905 *(33)* – Aufsätze aus «Lucifer-Gnosis» 1903-1908 *(34)* – Philosophie und Anthroposophie 1904-1918 *(35)* – Aufsätze aus «Das Goetheanum» 1921-1925 *(36)*

III. Veröffentlichungen aus dem Nachlaß

Briefe – Wahrspruchworte – Bühnenbearbeitungen – Entwürfe zu den Vier Mysteriendramen 1910-1913 – Anthroposophie. Ein Fragment aus dem Jahre 1910 – Gesammelte Skizzen und Fragmente – Aus Notizbüchern und -blättern – *(38-47)*

B. DAS VORTRAGSWERK

I. Öffentliche Vorträge

Die Berliner öffentlichen Vortragsreihen, 1903/04 bis 1917/18 *(51-67)* – Öffentliche Vorträge, Vortragsreihen und Hochschulkurse an anderen Orten Europas 1906-1924 *(68-84)*

II. Vorträge vor Mitgliedern der Anthroposophischen Gesellschaft

Vorträge und Vortragszyklen allgemein-anthroposophischen Inhalts – Christologie und Evangelien-Betrachtungen – Geisteswissenschaftliche Menschenkunde – Kosmische und menschliche Geschichte – Die geistigen Hintergründe der sozialen Frage – Der Mensch in seinem Zusammenhang mit dem Kosmos – Karma-Betrachtungen – *(91-244)*
Vorträge und Schriften zur Geschichte der anthroposophischen Bewegung und der Anthroposophischen Gesellschaft *(251-265)*

III. Vorträge und Kurse zu einzelnen Lebensgebieten

Vorträge über Kunst: Allgemein-Künstlerisches – Eurythmie – Sprachgestaltung und Dramatische Kunst – Musik – Bildende Künste – Kunstgeschichte – *(271-292)* – Vorträge über Erziehung *(293-311)* – Vorträge über Medizin *(312-319)* – Vorträge über Naturwissenschaft *(320-327)* – Vorträge über das soziale Leben und die Dreigliederung des sozialen Organismus *(328-341)* – Vorträge für die Arbeiter am Goetheanumbau *(347-354)*

C. DAS KÜNSTLERISCHE WERK

Originalgetreue Wiedergaben von malerischen und graphischen Entwürfen und Skizzen Rudolf Steiners in Kunstmappen oder als Einzelblätter: Entwürfe für die Malerei des Ersten Goetheanum – Schulungsskizzen für Maler – Programmbilder für Eurythmie-Aufführungen – Eurythmieformen – Entwürfe zu den Eurythmiefiguren, u.a.

Die Bände der Rudolf Steiner Gesamtausgabe
sind innerhalb einzelner Gruppen einheitlich ausgestattet
Jeder Band ist einzeln erhältlich.